Der landwirtschaftliche Kredit

und seine

durchgreifende Verbesserung.

Der landwirtschaftliche Kredit
und seine
durchgreifende Verbesserung.

Eine wirtschaftliche Studie

von

Trosien,
Regierungsrat,
Staatskommissar bei der Börse in Hannover.

Berlin.
Verlag von Julius Springer.
1911.

ISBN-13: 978-3-642-90480-6 e-ISBN-13: 978-3-642-92337-1
DOI: 10.1007/978-3-642-92337-1

Universitäts-Buchdruckerei von Gustav Schade (Otto Francke)
Berlin und Fürstenwalde.

Vorwort.

Die Ansichten, die in dem nachfolgenden Aufsatz niedergelegt sind, beruhen auf statistischem Material, zum Teil aber auch nur auf Beobachtungen und Eindrücken, die sich mir aus der landwirtschaftlichen Praxis im Laufe der Jahre aufgedrängt haben. Zahlenmäßige Beläge dafür werden sich aber aus der landwirtschaftlichen Buchführung fraglos beibringen lassen. Da es sich um die dauernde Sicherstellung und Verbilligung eines laufenden jährlichen Wirtschaftskredites von jetzt schon 374 Millionen Mark zugunsten der deutschen Landwirtschaft handelt, der entsprechend dem Zunehmen des Düngemittelverbrauches anwächst und hauptsächlich den wirtschaftlich Schwächeren und Zurückgebliebenen zustatten kommen wird, so dürfte es sich wohl verlohnen, die hier in Betracht kommenden Zahlen aus den Büchern zusammenzustellen. Den Herren Landwirten würde ich für die Zusendung einschlägigen Materials sehr dankbar sein.

Hannover, im Dezember 1910.

Der Verfasser.

Inhaltsübersicht.

Viertes Kapitel.

Die Privilegien des Hypothekenbestandes und die Notwendigkeit ihrer Durchbrechung zugunsten des landwirtschaftlichen Personalkredites.

Erstes Kapitel.

Das Anwachsen des landwirtschaftlichen Betriebsmittelbedarfs und sein Zusammentreffen mit der Verschuldung des Grundbesitzes.

1.

Die Allgemeinheit hat im Hinblick auf die Volksernährung und die Hebung des Nationalwohlstandes ein Interesse daran, daß dem vaterländischen Boden möglichst viel Güter, Nahrungs- und Genußmittel, abgerungen werden. Das Wohl und Wehe der Landwirtschaft ist daher eine weit über den Interessenkreis der ländlichen Berufsgenossen hinausgehende nationale Frage.

Unter den modernen landwirtschaftlichen Problemen nimmt das Bedürfnis nach einer „Entschuldung des Grundbesitzes", d. h. einer Verringerung der gegenwärtig vielfach bestehenden zu starken Hypothekenbelastung des landwirtschaftlich genutzten Grund und Bodens, wegen der allgemeinen Bedeutung für die Mehrzahl der Betriebe und auch wegen einer gewissen Dringlichkeit wohl die erste Stelle ein. In der Tagespresse hat noch kürzlich ein verbreitetes Blatt [1]) im Hinblick auf die ständige Zunahme der Hypothekenverschuldung des platten Landes auf die nahe liegende Gefahr einer neuen Agrarkrisis hingewiesen. Vergegenwärtigen wir uns daher zunächst die am meisten in die Augen springenden Erscheinungen unserer modernen landwirtschaftlichen Entwicklung.

Seit mehreren Jahrzehnten, in der Hauptsache seit der allgemeinen Anwendung von Maschinen und modernen Geräten, sowie seit der Einführung des künstlichen Düngers in den Wirtschaftsbetrieb zeigt die Entwickelung der Landwirtschaft, daß eine volle Ausnutzung des Grund und Bodens, eine Übersetzung der großen Fortschritte auf dem Gebiete der Produktionslehre in die Praxis, heute nur dann möglich ist, wenn dem Landwirt beträchtlich höhere Betriebsmittel als früher zu Gebote stehen. Das Land gibt in einer modernen Wirtschaft erheblich mehr an Körner- und Futterernte her, verlangt aber auch Mehrarbeiten und bestimmte Verwendungen, die noch vor etwa vierzig Jahren ganz unbekannt oder noch nicht allgemein eingeführt waren. Die „Konzentration der Kapital- und Arbeitskraft auf die einzelne Ackerparzelle“ ist „gegenwärtig eine privat- und volkswirtschaftliche Notwendigkeit“ geworden [2]).

Jeder Landwirt, der nicht zurückbleiben will, muß deshalb über ganz andere Betriebsmittel als früher

[1]) Nr. 501 der Täglichen Rundschau vom 26. Oktober 1910, Hauptblatt S. 2.

[2]) Sering, Die innere Kolonisation, S. 92.

verfügen können. Der Mehrbedarf erstreckt sich zunächst schon auf das Maschinen- und Gerätekapital, hauptsächlich aber auf das sog. „umlaufende Betriebskapital", welches bei der Produktion mitwirkt, verschwindet und in veränderter Gestalt neue Werte bildet, wie z. B. Arbeitslöhne, Ausgaben für Saatgut, Kraftfutter, künstliche Düngemittel, Kohlen usw. Nach den Erhebungen der deutschen Landwirtschaftsgesellschaft in hundert ostelbischen Betrieben stellten die umlaufenden Betriebsmittel dort bereits 15,4 % des gesamten in der Landwirtschaft angelegten eigenen und fremden Kapitals dar[3]).

Steinbrück nennt diese umlaufenden Betriebsmitel „die Summe aller laufenden Ausgaben für die Wirtschaft bis zur Verwertung der Ernte, abzüglich der inzwischen einfließenden Einnahmen" und schätzt ihre gegenwärtige durchschnittliche Höhe bei sehr intensiven Betrieben auf über 250 M pro ha, bei intensiven auf ungefähr 200 M, in mittelintensiven Betrieben auf ungefähr 150 M pro ha. Um die Bedeutung der vorstehenden Zahlen voll zu erfassen, muß man sich das Bestehen dieser besonderen Geldnotwendigkeit neben dem übrigen großen Kapitalbedarf eines Landwirts für Grund und Boden, Gebäudebestand, für sonstiges totes und für lebendes Inventar vergegenwärtigen. In der einstmaligen Naturalwirtschaft nur sehr geringfügig, haben die umlaufenden Betriebsmittel in der Neuzeit eine rapide Steigerung auf ihr Vielfaches erfahren,

[3]) Professor Dr. Karl Steinbrück, Landwirtschaftliche Betriebsmittel. Verlag Max Jänecke, Hannover 1908. S. 56.

während der übrige zahlenmäßige Kapitalbedarf — vielleicht mit alleiniger Ausnahme des Maschinen- und Gerätekapitals[4]) — nur ein normales Anwachsen, entsprechend der allmählichen Verminderung der Kaufkraft des Metallgeldes, aufzuweisen hat.

Auf die zahlenmäßige Höhe des Betriebsmittelbedarfs kommt es hier weniger an. Sie wird von der Art und Einrichtung der einzelnen Betriebe wesentlich abhängig sein und große Verschiedenheiten aufweisen. Feststellen läßt sich aber, so verschieden die einzelnen Wirtschaftsbetriebe auch sein mögen, überall eine erst in den letzten Jahrzehnten eingetretene, sehr erhebliche Steigerung des Betriebsmittelbedarfes. Diese Erfahrung wird jeder ältere Landwirt und jeder mit Landwirten in Verbindung stehende Bankier aus seinem Geschäftsbetriebe bestätigen können. Das Anschwellen der Wirtschaftsausgaben ist eine in der Praxis so handgreiflich zu beobachtende Tatsache, daß sie eigentlich keines weiteren Beweises bedarf.

Schon das lebende Inventarkapital hat durch die allgemeine Verbesserung der heutigen Zuchtrassen und die höheren Ankaufspreise des Zuchtergänzungsmaterials eine Wertsteigerung erfahren, und der Mehrbedarf muß aus laufenden Betriebsmitteln entnommen werden. Die Arbeitslöhne, welche mindestens 25 % der Gesamtausgaben eines Landwirts ausmachen[5]), sind

---

[4]) Landwirtschaftliche Maschinen befanden sich in Preußen 1895 in 476 325 landwirtschaftlichen Betrieben, 1907 dagegen schon in 816 308. Statistisches Jahrbuch f. d. Preuß. Staat 1909, S. 70.

[5]) Meitzen, Der Boden und die landwirtschaftlichen Verhältnisse des Preußischen Staates VIII, S. 378.

bedeutend gestiegen, die Naturallöhung ist immer mehr gegen den Barlohn zurückgetreten. Die früheren, erst nach teilweiser Versilberung der Ernte zu Martini fälligen Jahreslöhne des ländlichen Gesindes sind zu einem großen Teil durch wöchentliche Lohnzahlungen ersetzt. In einer mir bekannten buchführenden Wirtschaft im Regierungsbezirk Hannover betrugen beispielsweise die Löhne im Jahre 1891 nur 26,70 M pro Morgen, im Jahre 1908 dagegen schon 37,50 M. Neu entstanden sind die Ausgaben für die Arbeiterversicherung, und auch die sonstigen öffentlichen Abgaben haben allgemein eine fühlbare Zunahme erfahren. Sehr erheblich sind aber besonders die Beträge, welche heute für landwirtschaftliche Bestellungs-, Ernte- und Futterbereitungs-Maschinen und für sonstige moderne Geräte, für die Anschaffung von Kohlen, fremdem Saatgut, für Kraftfuttermittel und für die künstliche Düngung aufgewandt werden müssen.

Diese zuletzt bezeichneten Unkosten für Kunstdünger und Kalk waren der Landwirtschaft noch vor mehreren Jahrzehnten gänzlich unbekannt, repräsentieren heute aber schon bei mittleren Betrieben ein kleines Vermögen und zeigen eine stetig steigende Tendenz. Der Verfasser glaubt auf Grund von zuverlässigen Auskünften alter Landwirte aus großen und kleinen Betrieben und auch auf Grund von Büchereinsichten, zu denen er in einer über zehnjährigen Tätigkeit als Domänendepartementsrat Gelegenheit hatte, nicht fehl zu gehen, wenn er die seit dreißig bis vierzig Jahren eingetretene Gesamterhöhung der notwendigen Mittel zur Bestreitung der jährlich wiederkehrenden landwirtschaftlichen Unkosten für einen auf fremde Arbeitskräfte angewiesenen Landwirt mindestens auf das doppelte und, beim Übergang vom extensiven zum intensiven Wirtschaftsbetrieb, auf das drei- und mehrfache des früheren Bedarfs einschätzt. Dabei ist es nicht nur erforderlich, daß diese Betriebsmittel für den regelmäßigen Jahresbedarf hinreichen, sondern sie müssen stets reichlich und noch mit einer nicht unbeträchtlichen Reserve vorhanden sein, weil bei jeder Mißernte einer Frucht immer ein Teil des umlaufenden Betriebskapitals verloren geht und meistens des sofortigen Ersatzes bedarf. Nichts wirkt so hemmend auf den Wirtschaftsbetrieb als ein Mangel an Betriebskapital[6]).

Von allen im Laufe der letzten Jahrzehnte eingetretenen Steigerungen des Betriebsmittelbedarfes ist wohl die durch die Einführung der künstlichen Düngemittel hervorgerufene Erhöhung der Wirtschaftsausgaben am dringendsten, erheblichsten und fühlbarsten gewesen. Sie trat in Deutschland bei den Zuckerrüben bauenden Wirtschaften zuerst ein, und zwar dort alsbald wieder ausgeglichen durch die günstigen finanziellen Erfolge der ersten Periode des Zuckerrübenbaues. Die übrigen Betriebe wurden von der starken Erhöhung der Wirtschaftsausgaben für die notwendig gewordene Kunstdüngerbeschaffung in der Reihenfolge ergriffen, in der sie zur praktischen Nutzbarmachung der großen bodenphysikalischen und pflanzenphysiologischen Errungenschaften der Neuzeit übergingen.

Die Steigerung des Betriebsmittelbedarfes hat in mancher Beziehung etwas Gewaltsames gehabt. Vielfach

---

[6]) Steinbrück, a. a. O. S. 54.

übte nämlich die sonstige Verteuerung des Wirtschaftsbetriebes, z. B. durch die erhebliche Steigerung der Arbeitslöhne, einen direkten Zwang auf die Unternehmer aus, zur Anwendung von Kunstdünger und Kraftfuttermitteln überzugehen, da sie ohne die dadurch zu erzielenden Mehrerträge der Wirtschaft mit Unterbilanz gearbeitet hätten. Wo heute noch kulturfähiger Boden als Unland ertraglos daliegt, oder wo nicht mit künstlichen Dünger gewirtschaftet wird, hat dieses zumeist darin seinen Grund, daß es die Betriebsunternehmer auch bis jetzt noch nicht ermöglichen konnten, sich das erforderliche Mehr an Wirtschaftskapital anzuschaffen. Es läßt sich, besonders im Westen, indessen wohl die Zeit absehen, wo diese Betriebe zu den Ausnahmen gehören werden. Im allgemeinen hat das in der einheimischen Landwirtschaft arbeitende Kapital innerhalb der letzten Jahrzehnte eine gewaltige Zunahme erfahren und wird durch die bestimmt zu erwartende weitere Ausdehnung des Kunstdüngerverbrauches schnell weiter steigen.

Allerdings hat das Anwachsen des Betriebsmittelbedarfs auch dazu geführt, daß ererbte Güter vielfach in kapitalkräftigere Hände übergegangen sind, weil bei der Teilung des Nachlasses auf keinen der Erben so viel Vermögen entfiel, daß er die Wirtschaft hätte übernehmen können oder sie zu halten imstande war. Noch in den Jahren 1903—1907 zeigt der Besitzwechsel aller land- und forstwirtschaftlich genutzten Grundstücke in Preußen von mindestens 2 ha Größe nach der letztveröffentlichen Statistik[7]) alljährlich eine starke Zunahme. Es wechselten den Eigentümer:

---

[7]) Deutsche Landw. Presse, Jahrgang XXXVII, Nr. 59, S. 645.

1903	122733	Besitzungen
1904	131087	"
1905 . . .	141923	"
1906	145131	"
1907	148952	"

Davon sind in 1903 nur 24%, 1904 nur 23,5%, 1905 nur 22,4%, 1906 nur 20,4% und 1907 nur 22,2% durch Erbgang, Vermächtnis und Schenkung von Todes wegen, alle übrigen dagegen durch Kauf, Tausch, Zwangsversteigerung und sonstige lästige Rechtsgeschäfte in andere Hände übergegangen. Die große Masse der Landwirte, die neben ihren stark verschuldeten landwirtschaftlichen Werten nicht noch Barvermögen besaß, blieb lange Zeit und zum Teil auch jetzt noch außerstande, die eine Mehrproduktion sichernden Betriebsfortschritte des kapitalkräftigeren Nachbarn sich in der eigenen Wirtschaft ebenfalls dienstbar zu machen.

2.

Das außerordentliche Anwachsen des Betriebsmittelbedarfes fand nämlich in Preußen eine seit Generationen durch Erbteils- und Restkaufgelder-Eintragungen hervorgerufene starke Hypothekenbelastung des gesamten Grund und Bodens vor, die sich unter den Jahrzehnte langen ungünstigen Preisverhältnissen der meisten landwirtschaftlichen Produkte doppelt fühlbar gemacht hatte. Das so dringend erforderliche Mehr an laufendem Betriebskapital konnte durch neue Hypotheken zumeist nicht aufgebracht werden.

Eine zuverlässige Statistik über die reine Hypothekenverschuldung des preußischen Grund und Bodens ist leider nicht vorhanden. Sie hat in der Hauptsache deswegen nicht aufgestellt werden können, weil die Grundbücher neben den wirklich geltenden Hypotheken noch in großer Zahl Eintragungen aus alter Zeit enthalten, von denen ohne umfangreiche Verhandlungen mit den Beteiligten nicht festzustellen ist, ob die betreffenden Schulden und Lasten nicht schon längst getilgt sind und eigentlich schon hätten gelöscht werden können.

Um daher einen Überblick über die ländliche Verschuldung zu gewinnen, wird auf die für das Jahr 1902 auf Grund der Steuermaterialien aufgenommene große amtliche Statistik[8]) zurückgegriffen werden müssen, bei welcher eine Unterscheidung von Real- und Personalschulden nicht gemacht ist. Die Aufnahme umfaßt die Schuldverhältnisse aller **selbständigen** Landwirte, unter welche alle diejenigen gerechnet wurden, die 1902 innerhalb Preußens über einen Grundbesitz von mindestens 60 M Grundsteuerreinertrag verfügten.

Von diesen Landwirten waren 628 876 im Hauptberuf tätig, das heißt 87,3% sämtlicher Grundbesitzer. Sie verfügten über ein Grundeigentum von zusammen 20 482 356 ha Fläche und 306 104 677 M Grundsteuerreinertrag, 93,9% der Gesamtfläche des Staates und

[8]) Preußische Statistik, Berlin 1905, 1906 und 1908, Heft 191, Teil I–III; Statistische Korrespondenz, Jahrgang XXXI, Nr. 1, 10 und 13.

93,7% des Gesamt-Grundsteuerreinertrages. Das gesamte Bruttovermögen dieser Landwirte stellte sich auf 28541501216 M (rund 28½ Milliarden). Die Schulden betrugen insgesamt 7532030853 M (rund 7½ Milliarden).

Die vorhandenen Vermögenswerte bestanden bei den Großbesitzern (mit 1500 M und mehr Grundsteuerreinertrag) zu nahezu vier Fünfteln aus Grundvermögen, während dasselbe in den übrigen Reinertragsklassen (300—1500 M, 90—300 M und 60—90 M) im Gesamtstaate und im Westen annähernd, im Osten dagegen über neun Zehntel des Gesamtvermögens betrug. Man ersieht hieraus, wie wenig eigenes Barkapital sich in den Händen der Landwirtschaft befindet. Demnach kamen im Gesamtstaate auf 100 M Kapitalvermögen in den Händen der oben bezeichneten Landwirte 188 M Schulden, davon in den westlichen Landesteilen (einschließlich der Provinz Sachsen) 116,2 M, in den östlichen Landesteilen dagegen 293,6 M. Am ungünstigsten stellte sich dieses Verhältnis in den Provinzen

Westpreußen	mit	707,9 M
Ostpreußen	„	650,8 „
Posen	„	456,1 „
Pommern	„	354,8 „
Schlesien	„	207,2 „
Schleswig-Holstein . .	„	207,3 „

Schulden auf je 100 M vorhandenes Kapitalvermögen.

Die Schulden der Großbesitzer (1500 M Grundsteuerreinertrag und mehr) waren im Staatsdurchschnitt nur um etwa drei Fünftel höher als das von ihnen besessene Kapitalvermögen. Bei dem kleinbäuerlichen Besitz (60—90 M Grundsteuerreinertrag) stellten sich die Schulden dagegen im Staatsdurchschnitt fast doppelt so hoch, bei dem mittel- und dem großbäuerlichen Besitze (90—300 M bzw. 300—1500 M Grundsteuerreinertrag) sogar rund zweieindrittel mal so hoch als die vorhandenen Aktivkapitalien.

Faßt man die Großbauern (300—1500 M Grundsteuerreinertrag) in Gruppen nach ihrem Gesamt-Nettoeinkommen zusammen, so waren sie in den östlichen Landesteilen in der Einkommensgruppe bis 900 M mit fast dem 49fachen des Kapitalvermögens verschuldet. Ihnen stehen die Mittelbauern (90—300 M Grundsteuerreinertrag), soweit sie gleichfalls kein höheres Netto-Einkommen als 900 M bezogen, mit rund dem 30fachen und die Großbesitzer in der Einkommensgruppe von über 900—3000 M mit dem $24\frac{1}{2}$fachen gegenüber.

Im Staatsdurchschnitt war das Bruttovermögen aller oben bezeichneten Landwirte mit 26,4 % verschuldet. Das Verhältnis der Verschuldung der Landwirte gegenüber ihrem Grundvermögen ergab sich im Gesamtdurchschnitte des Staates auf 31,1 %. Diese Durchschnittsziffer soll durch die ausnahmsweise niedrige Verschuldung einzelner westlicher Gebiete wesentlich herabgedrückt sein[9]). Die Verschuldung betrug in Westpreußen fast drei Fünftel und in Ostpreußen rund die

[9]) Motive zum Gesetzentwurf betr. die Zulassung einer Verschuldungsgrenze. Anl. z. d. Sten. Ber. des Herrenhauses 1905/06, Nr. 55, S. 209.

Hälfte des gesamten Grundvermögens. Für die einzelnen Provinzen stellen sich die Zahlen der Verschuldung des Grundvermögens wie folgt:

1.	Ostpreußen	50,8 %
2.	Westpreußen	57,4 %
3.	Stadtkreis Berlin	27,8 %
4.	Brandenburg	33,3 %
5.	Pommern	46,1 %
6.	Posen	46,7 %
7.	Schlesien	42,2 %
8.	Sachsen	24,0 %
9.	Schleswig-Holstein	36,5 %
10.	Hannover	19,3 %
11.	Westfalen	16,0 %
12.	Hessen-Nassau	13,9 %
13.	Rheinland	12,6 %
14.	Hohenzollern	28,6 %

Bei der Gruppierung der einzelnen Schuldner nach dem Grade ihrer Verschuldung ergab sich für den Gesamtstaat, daß nur ein Sechstel (17,6 %) aller selbständigen Landwirte im Hauptberufe mit wenigstens 50 % ihres Bruttovermögens verschuldet waren. Mehr als ein Zwanzigstel von ihnen war mit 75 % und darüber und nur nahezu 1 % mit 100 % und darüber, also „vollständig“ verschuldet[10]).

---

[10]) Übersicht über die Entwicklung der Frage der Entschuldung des ländlichen Grundbesitzes in Preußen und ihre Überführung in die Praxis. Von Dr. V. G.-B. Halle a. S. 1908, S. 58.

Ihnen gegenüber stehen aber 29,5 % gänzlich Unverschuldete, 29,6 % mäßig Verschuldete und 23,4 % mit mittlerer Verschuldung.

Diese Zahlen mögen genügen, um von der vorhandenen Verschuldung der Landwirtschaft ein allgemeines Bild zu geben. In der Begründung zu dem Entwurf eines Gesetzes, betreffend die Zulassung einer Verschuldungsgrenze für land- oder forstwirtschaftlich genutzte Grundstücke [11]) ist das Ergebnis der statistischen Ermittelungen über die Verhältnisse des Jahres 1902 wie folgt zusammengefaßt:

„Die Ergebnisse der statistischen Ermittelungen lassen keinen Zweifel darüber bestehen, daß die Verschuldung des land- und forstwirtschaftlich genutzten Grundbesitzes in manchen Gegenden, namentlich des Ostens, bei zahlreichen Besitzungen eine Höhe erreicht hat, die bereits eine den wirtschaftlichen Ruin des Grundeigentümers bedeutende Überschuldung darstellt oder sich doch einer solchen nähert."

Dieses abschließende Urteil ist fraglos der Niederschlag aufrichtigster Überzeugung gewesen. Es hat auch nicht nur die gesamte deutsche Landwirtschaft. sondern auch die ganze Intelligenz, soweit sie sich mit der Materie beschäftigt hatte, dahinter gestanden. Die vorhandene Verschuldung hatte sich insofern ganz unerträglich erwiesen, als sie jedem gesunden

[11]) Anl. zu den Sten. Ber. des Herrenhauses 1905/06, Aktenstück Nr. 55, S. 210.

Wirtschaftsfortschritt der verschuldeten Wirtschaften hindernd im Wege stand und letztere durch die glänzenden Konkurrenzbedingungen der kapitalkräftigeren Betriebe an den Rand des Ruins zu bringen drohte.

3.

Die inzwischen vergangenen Jahre haben durch die verbesserten Preisverhältnisse der meisten landwirtschaftlichen Produkte ersichtlich auch in diejenigen Teile der Landwirtschaft neues Leben gebracht, die infolge des Kapitalmangels so lange in ihrer Entwickelungsfähigkeit lahm gelegt gewesen waren. Die Verschuldung der Landwirtschaft hat aber seither nicht ab, sondern in schnellem Tempo zugenommen[12]).

Diese beiden Wahrnehmungen legen eine Nachprüfung des früheren allgemeinen Urteils von selbst nahe. In dem oben wiedergegebenen Auszug aus den Ergebnissen der großen amtlichen Statistik über die Verhältnisse des Jahres 1902 sind absichtlich nur diejenigen Zahlen aufgenommen, welche geeignet erschienen, den ungünstigsten Eindruck über die Verschuldung der Landwirtschaft zu machen. Löst man sich aber von dem Gedanken an die speziellen Verhältnisse der Landwirtschaft sowie ihre offenkundige Notlage in der Frage der Leihgeldbeschaffung los und betrachtet die Zahlen von dem unbefangenen Stand-

[12]) Statistisches Jahrbuch f. d. Preuß. Staat 1909, S. 50 (Hypothekenbewegung). — Die Hypothekenbewegung in Preußen im Zeitraume 1904—1908 von Prof. Dr. F. Kühnert, Regierungsrat, Berlin 1910.

punkt eines Angehörigen der anderen vaterländischen Erwerbsstände aus, so muß man eigentlich zu dem Ergebnis gelangen, daß die Statistik keine Vermögensnotlage, sondern eher die glänzende eigene Kapitalkraft und große Kreditwürdigkeit unserer einheimischen Landwirtschaft bewiesen hat.

Fangen wir zunächst mit dem am ungünstigsten situierten Teil der Betriebsunternehmer an. Nur nahezu 1 % von allen hatte 100 % und mehr Schulden den vorhandenen Vermögenswerten gegenüber stehen. Dieser Teil ist oben[13]) als „vollständig verschuldet" bezeichnet. Schon der Ausdruck „verschuldet" allein würde im landläufigen Sinne, wie man ihn mit bezug auf bedauernswerte Angehörige anderer Erwerbsstände gebraucht, nur auf diejenigen Landwirte zutreffen, bei denen die Schulden **mehr** als 100 % der vorhandenen Betriebswerte betragen. Ein Landwirt mit nicht mehr als 100 % Schulden arbeitet nur ohne eigenes Vermögen. Bei der Aufgabe der Wirtschaft wird er zwar ohne Kapitalien, aber auch ohne Schulden dastehen. So weit der Wert seiner eigenen Arbeitsleistung in der Landwirtschaft dazu hingereicht hat, ihm und seiner Familie Unterhalt zu gewähren oder gar noch etwas zurückzulegen, hat er zweifellos mindestens ebenso wirtschaftliche Existenzberechtigung wie ein Gutsverwalter, der gegen festes Gehalt mit fremdem Grundvermögen wirtschaftet. Man wird daher von einer „Verschuldung" der Landwirtschaft eigentlich erst bei denjenigen Betrieben

[13]) Siehe Anm. 10.

sprechen dürfen, bei denen die Schulden 100 % der vorhandenen Vermögenswerte übersteigen, und von einer „vollständigen Verschuldung“ nur dann, wenn die Schulden über 100 % so erheblich hinausgehen, daß der Betriebsunternehmer neben der Bestreitung seines Unterhaltes das zur Verzinsung und Amortisation erforderliche Mehr durch die eigene Arbeitsleistung auszugleichen außerstande ist und immer tiefer in Schulden geraten muß.

Der Landwirt ist allerdings der alleinige Gefahrträger für alle in seinem Betriebe beschäftigten Werte. Es ist daher eine wirtschaftliche Notwendigkeit, daß er ein der Größe seines Unternehmens und den Gefahren entsprechendes eigenes Vermögen besitzt, weil ihn sonst bereits die erste Mißernte oder ein anderer wirtschaftlicher Fehlschlag umwerfen kann. Die „Verschuldung“ fängt aber erst an, wenn kein Aktivvermögen mehr vorhanden ist.

Mit Bezug auf die Landwirtschaft ist man indessen daran gewöhnt, von einer „hohen Verschuldung“ schon dann zu sprechen, wenn der Unternehmer, mag er auch beträchtliche eigene Vermögenswerte besitzen, verhältnismäßig viel fremdes Kapital in seinem Betriebe beschäftigt. Vergegenwärtigen wir uns dieses an einem Beispiel.

Ein Landwirt, der 500 000 M eigenes Vermögen besitzt, kauft ein ertragreiches Gut von 2000 Morgen nach dem Verkauf der Ernte zu dem der Güte des Bodens angemessenen Preise von 750 M pro Morgen einschließlich des toten und lebenden Inventars. Er zahlt 300 000 M an und behält 200 000 M für laufendes Betriebskapital und für notwendige Inventar-Ergänzungen sowie für Verbesserungen des Gutes zurück. Der Rest des Kaufpreises, 1 200 000 M, wird auf übernommene Hypotheken angerechnet und zum anderen Teil auf neue Restkaufgeldhypothek gestundet. In dem Betriebe dieses Unternehmers würden alsdann Vermögenswerte von im ganzen 1 700 000 M arbeiten, davon 1200000 M fremdes Leihkapital. In der Statistik würde er als zu $^{12}/_{17}$, mithin zu 70,59 % seines gesamten Bruttovermögens, also noch 13,19 % über den ungünstigsten Staatsdurchschnitt der Provinz Westpreußen von 57,4 % hinaus, verschuldet erscheinen. Wenn er ohne Verlust wirtschaftet, nicht ungünstig gekauft uud auch das Kapital für Inventarergänzung und Gutsverbesserung nicht unzweckmäßig verwendet hat, wird er trotz seiner statistischen Verschuldung mit 70,59 % ein wohlhabender Mann bleiben und bei Aufgabe der Wirtschaft wieder über ein Kapitalvermögen von mindestens 500 000 M verfügen. Nehmen wir nun weiter an, daß unser Landwirt, solange er wirtschaftete, die ihm nach geleisteter Anzahlung verbliebenen 200 000 M bis auf einen baren Rest von 30 000 M, der als Betriebsreserve auf einer Bank hinterlegt ist, in das Gut hineingesteckt hat, so kommen bei ihm auf 100 M Kapitalvermögen nicht weniger als 4000 Mark Schulden. Er wird mithin den ungünstigsten Durchschnitt der Provinz Westpreußen von 707,9 M in der Statistik auch hier bei weitem übertreffen. Er würde ferner unter den Großbesitzern mit dem Vierzigfachen seines Kapitalvermögens als „verschuldet“ erscheinen.

Betrachten wir die sich für den Gesamtstaat ergebenden beiden Durchschnittszahlen der Statistik, nach denen sich die Schulden der Landwirte zu ihrem Gesamtbruttovermögen wie 26,4 : 100 und zu ihrem Grundvermögen wie 31,1 : 100 verhalten, so können dieselben doch nur die Bedeutung haben, daß für das in der Landwirtschaft arbeitende fremde Leihkapital 73,6% **Überdeckung,** und zwar zu 68,9% durch Grundvermögen, das **allersicherste** Anlageobjekt, vorhanden war. Auch die am schlechtesten gestellte Provinz Westpreußen besaß noch immer eine Überdeckung des leihweise beschafften Anlage- und Betriebskapitals um 42,6% durch eigenes Überschuß-Vermögen in den Händen der Landwirte.

Vergleicht man mit diesen Zahlen die Verhältnisse des Anlage- und Betriebskapitals der anderen vaterländischen Erwerbsstände, so würde diese Gegenüberstellung die **Landwirtschaft** wohl **bei weitem am glänzendsten dastehend** erscheinen lassen. Den Hypothekenbanken hat es beispielsweise durch das Gesetz vom 13. Juli 1899 verboten werden müssen, mehr als das fünfzehnfache ihres eigenen eingezahlten Grundkapitals und des Reservefonds an Hypothekenpfandbriefen auszugeben. Eine Bank, welche diese Grenze erreicht hat, würde nach dem für die Landwirtschaft üblichen Maße zu $^{15}/_{16}$, also zu 93,75% als verschuldet erscheinen müssen. Wer ein noch krasseres Zahlenbeispiel zu erhalten wünscht, mag nach dem letzten Reichsbank-Ausweis berechnen, mit wieviel Prozent ihres eigenen Vermögens die Reichsbank in dem bei der Landwirtschaft üblichen Sinne „verschuldet“ erscheint.

Wenn wir uns nun den sich aus der Statistik ergebenden positiven eigenen Vermögenswerten in der Hand der Landwirtschaft zuwenden, so arbeiten über 99% sämtlicher Landwirte mit eigenem Aktivvermögen. Dasselbe betrug im Durchschnitte des Staates bei den Betriebsunternehmern

mit Grundsteuerreinertrag von	durchschnittlich	abzüglich der durchschnittlichen Schulden von
60— 90 M	11 200 M	18,5 %
90— 300 „	19 600 „	21,0 %
300—1500 „	53 800 „	24,3 %
1500 und mehr „	411 900 „	31,8 %

Wir haben endlich oben gesehen, daß sich in der Hand der 628 876 Landwirte ein Gesamtbruttovermögen von rund 28½ Milliarden befand, dem nur 7½ Milliarden Schulden gegenüberstanden. **Es waren hiernach in der Landwirtschaft über die vorhandenen Schulden hinaus noch rund 21 Milliarden zum größten Teil sichere beleihungsfähige Werte vorhanden.**

Wenn trotzdem seit den neunziger Jahren des abgelaufenen Jahrhunderts[14]) eine die gesunde Fortentwickelung der Landwirtschaft hindernde Notlage, die allgemein empfunden wurde und noch empfunden wird, auf dem Gebiete des ländlichen Kreditwesens entstand, obwohl der Reichsbankdiskont sich von Anfang 1891 bis Ende 1898 und ebenso von Anfang 1901 bis Ende 1905 stets nur auf kurze Zeit bis auf 5% gehoben hatte, und der Geldmarkt besonders flüssig war, so wird man diese Erscheinung, die aus der

[14]) Vgl. die Anm. 10 zitierte Schrift S. 15 ff.

Höhe der Belastung nicht zu erklären ist, wohl auf die gegenwärtigen Formen der Hergabe von Leihgeld für landwirtschaftliche Zwecke, die Hypothek, zurückführen müssen.

Nach Lage der Verhältnisse ist kein Zweifel darüber möglich, daß der bei weitem größte Teil der durch die Statistik von 1902 nachgewiesenen Schulden aus Hypotheken besteht. Wo es nicht eine Vielheit von Berufsgenossen, eine Kreditorganisation, übernimmt, die Sicherheit des fremden Leihgeldes zu vermitteln, läßt es sich in der Regel nur gegen Hypothekenbestellung der Erwerbstätigkeit des Landwirtes dienstbar machen. Auch Personalschulden desselben pflegen bei der nächsten Gelegenheit zunächst als Sicherungshypotheken, später aber als dauernde Realbelastungen des Besitzers zu erscheinen[15]). In Übereinstimmung hiermit schreibt die Ostpreußische Landgesellschaft in Nr. 22 der „Georgine" vom 28. August 1908[16]): „Die hohe Realbelastung des Kleinbesitzes beruht in erster Linie auf der Tatsache, daß in den weitaus meisten Fällen die auf dem kleinen Grundbesitz ruhenden Hypotheken nichts weiter sind als in Realbelastung umgewandelte Personalschulden. Die beim Krugwirt, dem Viehhändler, dem Geldleiher der nächsten kleinen Stadt gemachten Konsumtionsschulden haben sich allmählich mit Zinsen und Zinseszinsen in Hypotheken umgewandelt, deren Betrag öfter ein Vielfaches der ursprünglichen Personalschulden darstellt, während

---

[15]) Vgl. die Anm. 10 zitierte Schrift S. 8.

[16]) Mitteilungen der Zentralstelle der Preuß. Landwirtschaftskammern, 7. Jahrgang, Nr. 36.

die nächste Hypothek oft eine Kapitalisierung der schuldig gebliebenen Zinsen der vorhergehenden ist.“

Die Ziffer des Überschusses der Hypothekeneintragungen über die Löschungen betrug in den ländlichen Bezirken Preußens[17]):

Im Jahresdurchschnitt	Millionen Mark
1886—1904	255,61
1886—1905	283,40
1886—1906	294,27
1886—1907	306,26
1886—1908	318,35[18])
Im Jahre 1896	277,50
1897	321,06
1898	357,55
1899	387,89
1900	395,70
1901	401,40
1902	393,75
1903	444,84
1904	407,28
1905	469,31
1906	515,19
1907	556,31
1908	584,15[18])

[17]) Statistisches Jahrbuch für den Pr. Staat 1906 bis 1909, soweit die dortigen Tabellen nicht etwa Druckfehler enthalten. Jahrgang 1906 gibt z. B. die hier für das Jahr 1896 aufgeführte Zahl für das Jahr 1895, die hier für das Jahr 1897 aufgeführte Zahl für das Jahr 1896 usw.

[18]) Prof. Dr. F. Kühnert, Die Hypothekenbewegung in Preußen im Zeitraume 1904—1908. Berlin 1910.

Zweites Kapitel.

Der Nichtausgleich der Steigerung des Betriebsmittelbedarfes durch die erhöhte Beleihungsfähigkeit des Grund und Bodens.

1.

Man wird anzunehmen geneigt sein, daß die erhebliche Steigerung des Betriebsmittelbedarfes durch die Vermehrung des in der Landwirtschaft arbeitenden fremden Hypothekenkapitals hätte zum Ausgleich kommen müssen. In beschränktem und viel zu geringem Umfange ist dieses vielleicht auch der Fall gewesen. Im allgemeinen steigt aber bei allen wirtschaftlichen Unternehmungen mit der Wertsteigerung des zu rentabler Arbeit notwendigen Grundkapitals auch die Beteiligung fremder Anlagemittel an den Grundwerten des Betriebes. Auch in der Landwirtschaft pflegt der Durchschnittsunternehmer nicht so viel eigene Mittel zu besitzen, um den vermehrten Anforderungen an das im Grund und Boden steckende Anlagekapital gewachsen zu sein, und muß notgedrungen, je mehr das erforderliche Anlagekapital wächst, desto mehr fremdes Geld heranziehen. **Mit der Wertsteigerung des Grund und Bodens sinkt** daher **der Prozentsatz des in der Landwirtschaft beteiligten eigenen Unternehmervermögens**[19]),

[19]) Am augenfälligsten ist dieselbe Erscheinung vielleicht bei dem großstädtischen Hausbesitz. Die teuersten Häuser pflegen mit einer im Verhältnis zum Kaufpreis geringfügigen Anzahlung gekauft zu werden.

oder — nach den Ausdrücken der Statistik — **die Verschuldung der Landwirtschaft steigt.**

Die erhöhte Beleihungsfähigkeit der ländlichen Liegenschaften resorbiert sich hiernach in der Regel dadurch, daß sie das „Übernahmekapital“ des Landwirts beim Wirtschaftsantritt durch fremde Mittel ergänzen hilft. Der erhöhte Bedarf an laufenden Betriebsmitteln findet schon aus diesem Grunde durch die gesteigerte Beleihungsfähigkeit des Bodens keinen hinreichenden Ausgleich.

Vergegenwärtigen wir uns dieses an dem Beispiel von Aktiengesellschaften. Es sei angenommen, daß bei einem Fabrikunternehmen die Rohstoffe — wie z. B. letzthin der Kautschuk — unter gleichzeitigem entsprechenden Steigen des Preises der Fertigfabrikate sich erheblich im Einkaufspreise verteuert haben, oder daß ein Betrieb — wie z. B. in jüngster Zeit die Flaschenfabrikation — neue teuere Maschinen anschaffen muß, um weiter mit dauerndem Gewinn arbeiten zu können. In beiden Fällen pflegen die betreffenden Aktiengesellschaften den Mehrbedarf an Betriebsmitteln — vorausgesetzt, daß sie ihn nicht aus Rückstellungen entnehmen können — sich dadurch zu verschaffen, daß sie, soweit der Wert ihres Grundbesitzes es zuläßt, Obligationen zum landesüblichen Zinsfuß ausgeben. Reicht der auf Obligationen erhältliche Betrag für den vorliegenden Bedarf nicht aus, so wird man gezwungen sein, das Aktienkapital zu vergrößern. Das angeschaffte Mehrkapital bleibt aber bei den Aktiengesellschaften für alle Zeiten, so lange es besteht, dem Betriebe und dem Unternehmen dienstbar.

Anders in der Landwirtschaft! — Wenn diese so rentabel arbeitete, daß ihr Betrieb von Aktiengesellschaften in die Hand genommen werden könnte, so würde der vermehrte Betriebsmittelbedarf wahrscheinlich ebenfalls durch die gestiegene Beleihungsfähigkeit des Grund und Bodens und die ihr entsprechende Ausgabe von Obligationen annähernd zum Ausgleich gelangen können. Nach der Statistik brachte aber das in Preußen in den Händen der Landwirte 1902 vorhandene Nettovermögen von 21009461363 M [20]) nur einen Jahresgewinn von 1019130950 M einschließlich der unbezahlten Unternehmerarbeit von 628876 Landwirten, also noch nicht ganz 5 % Betriebsgewinn. Aktiengesellschaften, welche die Betriebsleiter bezahlen müßten, würden in der Landwirtschaft mithin kein geignetes Gebiet für ihre Betätigung finden. Es ist daher auf diesem Wege nicht möglich, die aus der gesteigerten Beleihungsfähigkeit des Bodens zu gewinnenden Kapitalien dauernd der Vermehrung des Betriebsmittelbedarfes dienstbar zu machen. Wie die Verhältnisse in der Landwirtschaft einmal liegen und bleiben werden, wechseln alle Betriebe spätestens bei dem Fortsterben einer Menschengeneration ihren Unternehmer [21]), in den weitaus meisten Fällen indessen schon erheblich früher durch Verkauf und

[20]) Preußische Statistik 1905, Heft 191, Teil I, 2. Hälfte, S. 1203.

[21]) In Preußen nach dem Durchschnitt von 1896—1907 jährlich 2,5 % aller vorhandenen Grundstücke von 2 ha Größe an.

andere Rechtsgeschäfte unter Lebenden[22]. Bei jedem Unternehmerwechel geht aber das durch die gesteigerte Beleihungsfähigkeit des Grund und Bodens heranziehbare fremde Barkapital dem Landwirtschaftsbetriebe ganz oder zum Teil verloren, es sei denn, daß der neue Unternehmer als einziger Erbe des Verstorbenen dessen gesamte Vermögenswerte übernommen hat. Bei der großen Mehrzahl der gewöhnlichen Erbauseinandersetzungen teilen sich aber die Erben in das vorhandene Barvermögen zu gleichen Teilen, und derjenige Erbe, der die Wirtschaft übernimmt, muß den übrigen Erben auch vielfach noch den auf sie entfallenden Anteil an der eingetretenen Steigerung des Grund- und Bodenwertes vergüten. Der Verkäufer eines landwirtschaftlichen Betriebes nimmt alles vorhandene bare Betriebskapital mit sich fort und läßt sich von dem Käufer neben allen zur Fortführung des Wirtschaftsbetriebes vorhandenen Vorräten auch noch den im Laufe der Jahre eingetretenen Mehrwert des Grund und Bodens im Kaufpreise vergüten. In der Regel wird allerdings dieser Teil des Anlagekapitals des neuen Betriebsunternehmers demselben in der Restkaufgeld-Hypothek oder in eingetragenen Erbschaftsgeldern kreditiert, weil ohne diese Maßregel die Übernahme des Wirtschaftsbetriebes bei dem Mangel an kapitalkräftigeren Bewerbern überhaupt nicht zustande kommen würde. Die Landwirtschaft erhält sich hierdurch aber dauernd in einem Zustande, in den eine Aktiengesellschaft

[22]) Jährlich 3,9 % aller vorhandenen Grundstücke über 2 ha. Statistisches Jahrbuch f. d. Preußischen Staat 1909, S. 56.

kommen würde, wenn sie den Mehrwert ihrer im Laufe der Produktion gewonnenen Betriebsmittel einschließlich aller vorhandenen Reserven bei dem Verkaufe von Aktien anteilig an die abtretenden Aktionäre als Gewinn ausschütten wollte, um den Betrag der ausgezahlten Anteile alsdann, weil er zur Fortführung des Betriebes erforderlich ist, von den Ausscheidenden oder von dritter Seite gegen Zinsen wieder anzuleihen.

Diesen Ausführungen wird entgegen gehalten werden können, daß die Abwanderung des Betriebskapitals bei jedem Unternehmerwechsel nicht nur in der Landwirtschaft stattfindet, sondern daß dieselben Vorgänge auch im Handel und in der Industrie bei allen Unternehmungen von Einzelinhabern in der gleichen Weise zu beobachten sind. Dieser Einwand ist richtig. Im Handel und in den Fabrikationsbetrieben vollzieht sich indessen die Regeneration des erforderlichen Betriebskapitals verhältnismäßig rasch. Man hilft sich hier, indem man einen den Ruf der Firma mitbezahlenden neuen Mitinhaber (Offerte: „Kompagnon gesucht") aufnimmt oder einen stillen Gesellschafter mit Kapital an dem Geschäft beteiligt. Sofern der Gegenstand des Unternehmens rentabel ist, hat man es hier nicht nötig, sich mit zu knappem Betriebskapital durchzuwürgen wie die in der gleichen Lage befindlichen landwirtschaftlichen Betriebe.

Mit Rücksicht auf diese Verhältnisse kann in der Landwirtschaft der durch die erhöhte Ertragsfähigkeit gestiegene Mehrwert des Grund und Bodens höchstens vorübergehend dem schnellen Anwachsen des Bedarfs an laufenden Betriebsmitteln dienstbar gemacht werden. Außerdem vermag aber auch aus bestimmten Gründen die Zunahme der Beleihungsfähigkeit in Preußen mit dem Steigen des Ertragswertes des Grund und Bodens [23]) keinen gleichen Schritt zu halten.

2.

Die tatsächliche Hypothekenbeleihung und damit die Beleihungsfähigkeit ist nämlich stets in einem gewissen Grade von der Linie der Mündelsicherheit abhängig, über welche hinaus nur ein beschränktes Grenzgebiet Hypothekendeckung findet. Für die Mündelsicherheit ist aber in Preußen noch immer die Grundsteuerveranlagung maßgebend [24]).

Als mündelsicher gilt eine Hypothek nur dann, wenn sie innerhalb des fünfzehn- bis zwanzigfachen Grundsteuerreinertrages oder innerhalb der ersten zwei Drittel des durch die zuständige Landschaft, eine provinzial-kommunalständische öffentliche Grundkreditanstalt oder gerichtlich festgestellten Taxwertes liegt. Statt des Zwanzigfachen des Grundsteuerreinertrages ist bei Grundstücken, die von einer der vor-

---

[23]) Näheres über die Steigerung der landwirtschaftlichen Produktions-Erträge seit 1800 bei Dr. Josef Rybark „Die Steigerung der Schaffenskraft der deutschen Landwirtschaft im 19. Jahrhundert“, Berlin 1905 bei Parey. Eine Berechnung auf Grund der statistischen Ernteermittelungen in Nr. 197 der „Hannoverschen Tagesnachrichten“ vom 11. August 1907 kommt zu ähnlichen Ergebnissen.

[24]) Artikel 73 des Ausführungsgesetzes zum Bürgerlichen Gesetzbuch vom 20. September 1899, G.-S. S. 177.

bezeichneten öffentlichen Kreditanstalten satzungsgemäß ohne besondere Ermittelungen bis zu einem größeren Vielfachen beliehen werden können, das größere Vielfache, sofern es jedoch den dreißigfachen Betrag übersteigt, dieser Betrag maßgebend. Für einzelne Bezirke kann durch Königliche Verordnung statt des Zwanzigfachen des Grundsteuerreinertrages ein das Vierzigfache nicht übersteigendes größeres Vielfaches bestimmt werden.

Man ersieht aus diesen Vorschriften über den Begriff der Mündelsicherheit, welcher Einfluß auf das ländliche Hypothekenwesen dem Grundsteuerreinertrag eingeräumt ist. Auch bei den Taxen pflegt zum mindesten die Klassifizierung der zu einem Grundbesitz gehörigen Acker-, Wiesen- und Weidestücke meistens nach ihrem veranlagten Grundsteuerreinertrage zu erfolgen. Taxen, in welchen der Grundsteuerreinertrag überhaupt nicht erwähnt und der Gutswert lediglich aus den durch die landwirtschaftliche Buchführung ermittelten Jahreserträgen abgeleitet worden wäre, hat der Verfasser kennen zu lernen bisher keine Gelegenheit gefunden. Angenommen, daß hierbei nicht nur ein Zufall obgewaltet hat, so würde in diesem Umstande der noch fortbestehende Einfluß der Grundsteuerveranlagung auf die heutigen Taxaufnahmen zu erkennen sein.

Die Ermittelung der Grundsteuerreinerträge ist aber in den altpreußischen Provinzen Mitte der sechziger, in den neu erworbenen Landesteilen zu Anfang der siebziger Jahre des vergangenen Jahrhunderts erfolgt und ersichtlich veraltet. Damals waren die hauptsächlichsten Kunstdünger noch unbekannt. Ihre Verwendung hat gerade die mittleren und geringwertigen Äcker ungemein in der Ertragsfähigkeit und auch im Werte gehoben. Aus Ödlandsflächen des Grundsteuerkatasters (z. B. den Grünlandsmooren) sind nach durchgeführter Entwässerung mit Hilfe von Kali und Phosphorsäure vielfach die ergiebigsten Wiesen und Weiden entstanden. Wer ein Bild davon gewinnen will, wie wenig die Grundsteuerveranlagung mehr mit den neu gewonnenen heutigen Grundstückswerten übereinstimmt, mag die Ergebnisse der Neuveranlagung in denjenigen Kreisen [25]) vergleichen, die eben wegen dieser Verschiedenheiten des veranlagten Grundsteuerreinertrages von dem wirklichen neuzeitlichen Wert der meisten Liegenschaften für die Zwecke ihrer Kommunalabgaben zu eigenen Grund**wert**steuerordnungen übergegangen sind.

Der durch Ertragssteigerung zu gewinnende Mehrwert des Grund und Bodens kommt daher mit Rücksicht auf die Vorschriften über die Mündelsicherheit in der Beleihungsfähigkeit der Liegenschaften nur mangelhaft zum Ausdruck. Eine Ausnahme bilden für die von der Mündelsicherheit unabhängigen Leihkapitalien vielleicht Einzelgrundstücke, die durch Verbesserung der Verkehrsmittel oder durch erste Urbarmachung eine offensichtliche, erhebliche und unvermittelte Wertsteigerung erfahren haben. Die Wertsteigerung des Grund und Bodens gleicht aber im allgemeinen

[25]) z. B. Hoya und Neustadt a. Rbge., Regierungsbezirk Hannover.

das Anwachsen des Betriebsmittelbedarfs nicht aus. Vergegenwärtigen wir uns vollends den Umstand, daß unter den vielen Pachtwirtschaften[26]) verhältnismäßig nur sehr wenige mit „eisernem Inventar“ vergeben zu werden pflegen, so werden wir besonders hier ohne weiteres finden, daß der gesteigerte Bedarf an laufenden Betriebsmitteln ganz unabgeschwächt auf dem Wirtschaftsunternehmer lastet. Dieselben Verhältnisse liegen bei den Fideikommissen vor, da sich die Agnaten nur selten bereit finden lassen werden, dem Fideikommißinhaber zur Gewinnung barer Betriebsmittel, die bei seinem Tode nicht mehr vorhanden sein könnten, die hypothekarische Belastung des Fideikommisses zu gestatten.

Drittes Kapitel.

Der gesteigerte Betriebsmittelbedarf der Landwirtschaft als eigentliche Ursache ihrer Entschuldungsbestrebungen.

1.

Es ist noch nachzuholen, daß der gesteigerte Betriebsmittelbedarf durch die Mehrerträge der landwirtschaftlichen Produktion nicht gedeckt werden kann, weil das hinreichende Betriebskapital stets

---

[26]) In Preußen gab es 1907 neben 752343 landwirtschaftlichen Hauptbetrieben mit ausschließlichem Eigenland 78436 Hauptbetriebe nur mit Pachtland. (Pr. Statistik 1909, S. 63/64.)

zuerst vorhanden sein muß, um die in einer modernen Wirtschaft möglichen Mehrerträge zu erreichen. Knapp vorhandene Betriebsmittel gehen auch häufig genug verloren, ohne daß die erwartete Mehrproduktion eintritt.

Aus den bisherigen Ausführungen haben wir ersehen, daß der Bedarf der Landwirtschaft an laufenden Betriebsmitteln auch in der durch die gehobene Ertragsfähigkeit des Grund und Bodens gestiegenen Realbeleihungsfähigkeit keinen dauernden Ausgleich hat finden können. Auch der Personalkredit hat, wie schon die nur zu sehr berechtigten steten Klagen über seine mangelnde Entwickelung in der Landwirtschaft beweisen, und wie wir unten des näheren sehen werden, vielfach nicht hingereicht, um die erhöhten Unkosten eines rentablen Wirtschaftsbetriebes zu decken. Unter diesen Umständen mußten die sonst nicht zu überwindenden Schwierigkeiten bei der Beschaffung des erheblichen finanziellen Mehrbedarfes zur Bestreitung der laufenden Wirtschaftsausgaben notwendigerweise in unbequemen, die gesunde Fortentwickelung der Landwirtschaft hemmenden Erscheinungen zum Ausdruck gelangen.

Es sprechen nun eine ganze Reihe von Umständen dafür, daß es lediglich der wirtschaftliche Druck dieser Erscheinungen gewesen ist, welcher die Bestrebungen zur Entschuldung des Grundbesitzes in Fluß gebracht hat, die in dem Gesetz vom 20. August 1906, betreffend die Zulassung einer Verschuldungsgrenze für land- oder forstwirtschaftlich genutzte Grundstücke[27]), ihren vorläufigen Niederschlag gefunden haben.

---

[27]) Gesetz-Sammlung S. 389.

Bei allen Vorberatungen und bei den Verhandlungen über das Gesetz betrachtete man allerdings die Zunahme der ländlichen Hypothekenverschuldung als eine für sich allein bestehende bedrohliche Erscheinung und glaubte mit ihrer aus der Welt Schaffung auch alle im Wirtschaftsleben hervorgetretenen Hemmungen beseitigen zu können.

Es muß nun zunächst schon auffallen, daß die Bewegung gerade auch aus nur wenig verschuldeten Provinzen, wie z. B. der Provinz Sachsen, die gegenüber Westpreußen mit 57,4 % nur eine Verschuldung von 24,0% im Jahre 1902 aufwies, mit am tatkräftigsten gefördert wurde. Dieser Umstand kann aber dadurch eine Erklärung finden, daß sich in den hochintensiven Betrieben dieser Provinz die laufenden Wirtschaftsausgaben gegenüber dem Rückgange der finanziellen Erfolge des Zuckerrübenbaues mit am fühlbarsten gesteigert hatten. Auch in der Provinz Hannover mit einer Verschuldung von nur 19,3 % brachte man den Entschuldungsbestrebungen ein sehr aktuelles Interesse entgegen.

Die Bewegung sah die zunehmende Hypothekenbelastung als eine Folge der jahrelangen unglücklichen Entwickelung der landwirtschaftlichen Erwerbsbedingungen an und forderte die Erleichterung der Schuldentlastung im Rahmen einer Notstandsmaßnahme[28]). Besonders bemerkenswert ist aber, daß daneben mindestens ebenso dringend Maßnahmen verlangt wurden, die auf einen Ausbau der ländlichen

[28]) Seite 26 der Anmerkung 10 zitierten Schrift.

Genossenschaften für den Personalkredit und seine Befruchtung durch zentrale Mittel abzielten[29]). Man forderte somit auf der einen Seite Maßnahmen für die Verringerung der alten Verschuldung, auf der anderen Seite aber staatliche Mittel, um eine neue Verschuldung der Landwirtschaft zu erleichtern. Es ist dieses wohl der beste Beweis dafür, daß die eigentliche Ursache des Notstandes nicht in der Verschuldung, sondern in dem Mangel an laufendem Betriebskapital zu suchen war.

In der Kommission des Abgeordnetenhauses erklärte ein Mitglied[30]): „Es unterliege gar keinem Zweifel, daß die ländliche Verschuldung stark zugenommen habe. Jedoch sei davor zu warnen, aus dem bloßen Umstande, daß in einer Gegend viele Hypotheken gelöscht würden, zu schließen, daß es der Landwirtschaft dort gut ergehe oder umgekehrt. In einer dem Redner bekannten ländlichen Gegend mit schlechten Bodenverhältnissen, in der häufiger Besitzwechsel stattfinde, und es der Landwirtschaft nicht gut ergehe, nähmen die Schulden trotzdem alle Jahre ab. In einer anderen Gegend mit strengem Anerbenrechte und blühender Landwirtschaft sei das Gegenteil der Fall, die Verschuldung nehme in dieser Gegend zu. Die Schulden seien hier eben vielfach produktiver Natur, für Meliorationen usw."

Der damalige Herr Landwirtschaftsminister erklärte in derselben Kommission: „Er wolle auf eine Erscheinung hinweisen, die an Hunderten von Beispielen

---

29) Daselbst Seite 45.

30) Kommissionsbericht Nr. 517. Drucks. des Abgeordnetenhauses, II. Session 1905/06, S. 4744 ff.

beobachtet werden könne, daß nämlich die meisten Landwirte ganz gut noch durchzukommen vermöchten, wenn sie ihr Geld nur mit 3½% zu verzinsen hätten. Mancher Landwirt müsse schwer um seine Existenz ringen, weil seine Nachhypotheken mit 4½ bis 5% verzinslich sind; er werde aber sofort wieder lebensfähig, sobald der Domänenfiskus das Gut zu einem leidlichen Preise ankaufe, und der betreffende Landwirt alsdann das ganze Kapital (als Pächter) nur mit 3½% zu verzinsen habe.“

Sollte nicht auch hier die wirkliche Ursache der wirtschaftlichen Gesundung darin gefunden werden müssen, daß der Betriebsunternehmer durch das Freiwerden seines die Hypotheken überschießenden, früher im Grund und Boden angelegten eigenen Kapitals und durch den „leidlichen Preis des Domänenfiskus“ die zur Wirtschaftsführung ausreichenden Betriebsmittel erhalten hat, die ihm bisher sehr zum Schaden der Wirtschaft fehlten? Wenn man allein den Zinsfuß verantwortlich machen wollte, so übersieht man doch, daß jedenfalls auch die Höhe der Kapitalverschuldung einen noch wichtigeren Faktor für die Leistungsfähigkeit bedeutet. Für die jährlichen Ausgaben ist es gleichgültig, ob ein Landwirt 70000 M Nachhypotheken zu 5% oder aber 100000 M zu 3½% zu verzinsen hat. Die Höhe des Zinsfußes macht nur bei gleich starker Belastung einen Unterschied aus. Wesentlich ist aber bei jeder Belastung, inwieweit sie die Mittel zum Lebensunterhalt einschränkt und den Betriebsunternehmer an notwendigen Maßnahmen und Fortschritten in der Güterproduktion hindert.

Wenn die allgemein eingetretenen Entwickelungshemmungen der Landwirtschaft als Folgen eines Kreditmangels erkannt worden wären, so hätte man folgerichtigerweise auf Maßnahmen zur Hebung des landwirtschaftlichen Real- und Personalkredits in gleicher Weise Bedacht nehmen müssen. Da man aber die Wurzel alles Übels in dem am offensichtlichsten vor Augen getretenen Anwachsen der Hypothekenverschuldung des Grund und Bodens gefunden zu haben glaubte und die Ursache dieser Erscheinung wieder in den unglücklichen landwirtschaftlichen Erwerbsbedingungen erblickte, welche als Folge der Caprivischen Handelsverträge aus dem Jahre 1891 bis 1894 eingetreten waren und fast anderthalb Jahrzehnte angedauert hatten, so ging man folgerichtig zu Maßnahmen über, um die Abstoßung der als zu hoch empfundenen Hypothekenbelastung zu erleichtern und den Hypothekenkredit der betreffenden Besitzungen für die Zukunft zu beschneiden.

Diesen Gesichtspunkten entspricht das schon oben erwähnte Gesetz vom 20. August 1906, betreffend die Zulassung einer Verschuldungsgrenze für land- oder forstwirtschaftlich genutzte Grundstücke. Es soll erst durch Königliche Verordnung für die einzelnen Landesteile in Kraft gesetzt werden können. Wer sich dort verpflichtet, für seinen ländlichen Besitz eine mit der Grenze der statutarischen Beleihungsfähigkeit der betreffenden Landschaft — also im wesentlichen mit der Mündelsicherheit — abschließende Verschuldungsgrenze eintragen zu lassen, dem soll durch eine Verfassungsänderung der öffentlichen Kreditanstalten die Möglichkeit geboten werden, seinen über die Verschuldungsgrenze hinaus gegenwärtig vorhandenen Bestand an Hypothekenschulden in ein unkündbares Tilgungsdarlehen zu verwandeln, nach dessen allmählicher Abtragung der Grundbesitz über die Verschuldungsgrenze hinaus auch nach einem Eigentumswechsel nicht mehr verpfändbar ist. Allerdings soll nach § 4 des Gesetzes die Verschuldungsgrenze nicht für Belastungen gelten, die das für eine Beleihung des Grundstücks mit Mündelgeld maßgebende Vielfache des staatlich ermittelten Grundsteuerreinertrages nicht übersteigen. Die Realbeleihungsfähigkeit erhält hierdurch eine gewisse Dehnbarkeit über die Verschuldungsgrenze hinaus, und zwar insoweit, als der Höchstbetrag der nach den jeweiligen Bestimmungen als mündelsicher zugelassenen Eintragungen die Verschuldungsgrenze übersteigt. Es läßt sich aber wohl annehmen, daß diese Bestimmung nur dann einen praktischen Wert haben würde, wenn von der Möglichkeit, durch eine Verordnung die Mündelsicherheit bis zum Vierzigfachen des Grundsteuerreinertrages oder wenigstens über das Dreißigfache hinaus zu erstrecken, in erheblichem Umfange Gebrauch gemacht werden würde. Des weiteren bestimmt der § 9 des Gesetzes, daß mit Zustimmung eines staatlichen Kommissars eine Überschreitung der Verschuldungsgrenze um ein Viertel des sie bestimmenden Höchstbetrages aus besonderen Gründen zulässig sein soll. Als ein solcher besonderer Grund war in der ursprünglichen Regierungsvorlage namentlich die Durchführung von Bodenverbesserungen bezeichnet. Ein in das endgültige Gesetz aufgenommener Beschluß der Kommission des Herrenhauses hat diese Bestimmung durch „namentlich für die Eintragung der Erbabfindungen von Pflichtteilsberechtigten" ersetzt.

2.

Vor der Emanation des Gesetzes hatte die Kur- und Neumärkische Ritterschaft einen Versuch gemacht, mit eigenen Mitteln in beschränktem Umfange eine Entschuldungsaktion für den in ihrem Beleihungsbereich belegenen Grund und Boden, soweit er überlastet war, durchzuführen[31]). In dem über vierjährigen Zeitraum seit dem Bestehen des Gesetzes vom 20. August 1906 ist seine Einführung lediglich im Verwaltungsbezirk der Ostpreußischen Landschaft bekannt geworden. Diese hat sich, gestützt auf die einzig dastehende ihr erteilte Generalgarantie[32]) entschlossen, zunächst für die nächsten drei Jahre amortisable Entschuldungsdarlehen bis zum Gesamtbetrage von 10 Millionen auf das fünfte Sechstel des landschaftlichen Taxwertes auszugeben, während bisher nach dem Statut der Landschaft nur vier Sechstel

[31]) Näheres darüber bei Dr. V. G.-B. „Übersicht über die Entwicklung der Frage der Entschuldung" usw., Seite 69.

[32]) Danach haften für die Verpflichtungen der Landschaft außer den speziellen hypothekarischen Unterlagen und außer allen bepfandbrieften Grundstücken auch alle bepfandbriefungsfähigen Landgüter, ob sie bepfandbrieft sind oder nicht, und vor allem die Staatsdomänen und Staatsforsten des Bezirks. — v. Bitter, Handwörterbuch der Staatswissenschaften, Band II, Seite 24.

beleihungsfähig waren. Im Rahmen der 10 Millionen soll für Güter, bei denen die Verschuldungsgrenze eingetragen ist, auch ein tilgungspflichtiger Meliorationskredit noch über das fünfte Sechstel hinaus gewährt werden können. Derselbe darf bei einem 4 proz. Pfandbriefsdarlehen nicht mehr als 8 %, bei einem $3^1/_2$ proz. nicht mehr als 16 %, bei einem 3 proz. nicht mehr als 25 % des Darlehens, soweit es innerhalb $^2/_3$ der Taxe liegt, betragen.

Während aber nach den klaren Absichten des Gesetzes vom 20. August 1906 die Verschuldungsgrenze da gezogen werden muß, wo die wirtschaftliche Berechtigung einer Belastung aufhört, d. h. mit der bisherigen Beleihungsgrenze für die öffentlichen Kreditanstalten, hat die Ostpreußische Landschaft beschlossen, eine Verschuldungsgrenze hinter dem fünften Sechstel des Taxwertes, also noch hinter dem Betrag des von ihr nach den neuen Bestimmungen zu gebenden tilgbaren Entschuldungsdarlehens, zuzulassen.

Mit den Ausführungen in der mehrfach zitierten Schrift von Dr. V. G.-B.[33]) stimme ich vollkommen darin überein, daß die Festsetzung dieser Verschuldungsgrenze den Absichten des Gesetzes stracks zuwiderläuft und eine dauernde Verringerung der Hypothekenbelastung des landwirtschaftlichen Besitzes nicht herbeiführen wird. Gleichwohl ist der Beschluß des Generallandtages, vom rein praktischen Standpunkt aus betrachtet, wohl nur als eine Verbesserung anzusehen.

---

[33]) cf. Anm. 10. Daselbst z. B. Seite 88 ff.

Wer annimmt, daß die starke Hypothekenbelastung des Grund und Bodens eine Folge unglücklicher landwirtschaftlicher Produktionsbedingungen während des langen Zeitraumes seit 1891 gewesen ist, der befindet sich in dem Glauben, daß es den Landwirten nur durch die fortgesetzte Aufnahme von neuen Hypotheken möglich gewesen ist, die ungünstige Wirtschaftsperiode zu überdauern. In wie hohem Maße muß es aber gefährlich erscheinen, gerade wenn man dieser Ansicht ist, durch Eintragung einer Verschuldungsgrenze den Landwirten die einzige Möglichkeit zu nehmen, sich in künftig etwa eintretenden neuen wirtschaftlichen Niedergangsperioden auf gleiche Weise über Wasser zu halten! Die Beschlüsse der Ostpreußischen Landschaft mildern diese Gefahr erheblich ab, ebenso eine andere üble Nebenwirkung der Verschuldungsgrenze.

Schon die Begründung des Gesetzentwurfes[34]) geht davon aus, daß die Verschuldungsgrenze für den Grundstückseigentümer eine Verfügungsbeschränkung enthalte, deren Folgen sich zurzeit noch nicht mit genügender Sicherheit übersehen ließen. Zu einer Herabdrückung des Verkaufswertes des Grundstückes könnte die Beschränkung seiner Verschuldbarkeit insofern führen, als dadurch naturgemäß diejenigen von einem Ankauf abgehalten würden, die nicht in der Lage wären, den über diesen verschuldbaren Wertsteil hinausgehenden Betrag des Kaufpreises in bar zu entrichten.

[34]) Drucksachen des Herrenhauses 1905/06, Nr. 55.

Es ist kaum fraglich, daß durch eine eng gezogene Verschuldungsgrenze der Verkaufswert einer Besitzung erheblich herabgedrückt wird. Die Wertverminderung muß auch mit der im Laufe der Zeit eintretenden allgemeinen Steigerung des Grund- und Bodenwertes verhältnismäßig größer werden, denn, wie wir oben[35]) gesehen haben, sinkt mit der Wertsteigerung des Grund und Bodens der Prozentsatz des in der Landwirtschaft beteiligten eigenen Unternehmer-Vermögens. Ein seinerzeit über die Gesetzesvorlage erschienener Artikel der Kreuzzeitung[36]) führte demnach auch aus: „Die noch nicht über die Grenze hinaus verschuldeten Besitzer werden voraussichtlich in ihrer überwältigenden Mehrheit keine Neigung haben, sich und ihre Besitznachfolger in der Verfügungsfreiheit zu beschränken. Wenn der Besitzer später doch durch die Verhältnisse gezwungen ist, über die gezogene Grenze hinaus Kredit zu suchen, so muß er, weil die weitere Belastung seines Grundbesitzes ja ausgeschlossen ist, und ohne eine hypothekarische Sicherstellung wahrscheinlich niemand Geld hergibt, seinen Besitz verkaufen, und es würde damit gerade das Gegenteil dessen eintreten, was die Gesetzesvorlage doch auch bezweckt, nämlich die Befestigung des Grundbesitzes.“

Die von dem Ostpreußischen Generallandtag beschlossenen Modalitäten haben durch die den Absichten des Gesetzes vom 20. August 1906 zuwiderlaufende wesentliche Erweiterung der Verschuldungs-

[35]) Seite 22.

[36]) Nr. 140 vom 24. März 1906.

grenze diese Gefahren für die nächste Zukunft wesentlich herabgemindert. Andererseits wird die Ostpreußische Landschaft durch ihre Maßnahmen — darüber kann man sich wohl nicht im Zweifel befinden — die dauernde Herabdrückung der Hypothekenbelastung, wie sie das Gesetz bezweckte, kaum jemals erreichen. Sie beschränken sich auf das an sich auch erstrebenswerte Ziel, einzelnen zuverlässigen und hilfswerten Existenzen unter die Arme zu greifen und sie zu stützen, damit sie auf der Scholle erhalten bleiben; aber diese Maßnahmen stellen auch noch nicht einmal einen Versuch zur Lösung des Agrarproblems dar, sondern nur eine Hilfsaktion für unverschuldet in Not geratene Berufsgenossen.

Vielleicht ist es aber auch erfreulich, daß das Gesetz vom 20. August 1906 nur diese Tätigkeit auf dem Gebiet der Nächstenhilfe ausgelöst hat. Die, denen Hilfe gebracht werden soll, haben gewiß Jahre hindurch im Kampf um ihre wirtschaftliche Existenz mit der Macht der Verhältnisse gerungen. Die Hilfe erfolgt zudem ohne Beistand von außen allein durch die in der Landschaft vertretenen Berufsgenossen und wird auch kaum materielle Opfer kosten[37]). Der Beistand hat Ähnlichkeit mit einer Bürgschaft von befreundeter Seite, die ohne materielle Opfer des die Bürgschaft Leistenden einem in geschäftlicher Bedrängnis Befindlichen Geld zu billigem Zinsfuß von dritter Seite verschafft und es ihm ermöglicht, sich

[37]) Anderer Ansicht ist Mauer in Schmollers Jahrbüchern 1908, S. 207; 1909, S. 314. — Dagegen Leweck und Borchardt, a. a. O. 1909, S. 301 und S. 309.

durch eigene Kraft wieder herauszuarbeiten. Nichtsdestoweniger scheint man sich auch in Ostpreußen trotz der weitherzigen Festsetzung der Verschuldungsgrenze an letzterer gestoßen zu haben. Man ist deshalb auch dort dazu übergegangen, die Entschuldung des Grundbesitzes dadurch zu fördern, daß man die eigentlich der Amortisation der Landschaftsdarlehen dienenden Beträge zum Ankauf von Lebensversicherungspolicen behufs Schuldamortisation beim Tode des Besitzers verwenden läßt. Das Versicherungskapital gelangt hierbei nicht in die Hände der Erben, sondern wird von der Landschaft bei Eintritt der Fälligkeit unmittelbar zur Schuldabschreibung verwandt[38]).

3.

Das Gesetz vom 20. August 1906 beruht kaum auf richtigen Prinzipien. Die natürliche Entwickelung des Realkredits zu beschneiden angesichts des so stetig und fühlbar steigenden Mehrbedarfs an landwirtschaftlichen laufenden Betriebsmitteln, würde doch nur dann richtig sein, wenn man dessen gewiß wäre, daß der Personalkredit sich durch diese Maßregel nicht nur um den verkürzten Hypothekenbetrag heben, sondern auch darüber hinaus noch um so viel mehr anwachsen wird, um den vermehrten Betriebsmittelbedarf auszugleichen. Diese Hoffnung würde aber nie in Erfüllung

[38]) Mitteilungen der Zentralstelle der Pr. Landwirtschaftskammern, Jahrgang 1910, S. 7 und S. 318. — S. 1 der Deutschen Landwirtschaftlichen Presse vom 5. Januar 1910 und S. 12 der Nr. 2 vom 8. Januar 1910.

gehen können, da selbst bei gleichem Vertrauen immer derjenige Kredit der größere bleiben wird, der neben der Vertrauenswürdigkeit auch noch greifbare sichere Unterlagen vorfindet. Der Gläubiger einer Personalschuld wird sich durch die Umwandlung seiner Forderung in eine Hypothek oft noch zur Hergabe weiterer Mittel bewegen lassen; umgekehrt wird nur in besonderen Ausnahmefällen der Gläubiger einer Hypothek in eine Umwandlung seiner Forderung zur reinen Personalschuld einwilligen. Der Realkredit gibt dem Gläubiger sicherere Unterlagen und wird deshalb in der Regel größer sein.

Abgesehen hiervon hätte es der Aufwendung ganz enormer Mittel bedurft, um mit dem Gesetz vom 20. August 1906 eine allgemeine Wirkung zu erreichen. Wie wir oben gesehen haben, betragen allein in Preußen die Schulden aller Landwirte im Hauptberuf mit einem Grundbesitz von über 60 M Grundsteuerreinertrag über $7^1/_2$ Milliarden Mark. Um überhaupt eine allgemeine Wirkung herbeizuführen, wäre doch mindestens die einmalige Aufwendung einer Milliarde zur wirklich fühlbaren Herabminderung der bereits bestehenden Verschuldung des Grund und Bodens erforderlich gewesen. Dazu würden aber kaum minder erhebliche laufende Aufwendungen gekommen sein; denn der Überschuß der Hypothekeneintragungen in den ländlichen Bezirken beträgt, wie wir oben[39]) gesehen haben, im Durchschnitt der Jahre 1886—1908 jährlich 318,25 Millionen Mark, steigt stetig

[39]) S. 21.

und ist im Jahre 1908 bereits auf 584,15 Millionen Mark angewachsen. Die Statistik über die Hypothekenzunahme gibt allerdings nur die Zahlen für alle ländlichen Bezirke und alle dortigen Grundstücke zusammen an, während die $7^1/_2$ Milliarden Schulden vom Jahre 1902 nur solche der Landwirte im Hauptberuf mit Besitzungen von über 60 M Grundsteuerreinertrag sind. In den ländlichen Bezirken sind aber seither, d. h. in den sechs Jahren von 1903 bis einschließlich 1908 nicht weniger 2 Milliarden 977,08 Millionen neue Hypotheken mehr eingetragen als gelöscht worden. Ehe daher die eine Milliarde zur Hypothekenentlastung verwandt worden wäre, würde der Schuldenbestand mutmaßlich um annähernd dieselbe Summe gewachsen gewesen sein.

Gewiß würden für die Landwirtschaft, wenn ihr Betrieb sich unter der Macht irgendwelcher Verhältnisse nicht mehr fortsetzen lassen würde, keine Aufwendungen eines Volkes zu hoch sein, um sie wieder betriebsfähig zu machen. Sie gibt ihm Kleidung und Nahrung, die es sonst teuer bei anderen Völkern bezahlen müßte, sie ergänzt den Arbeiterverbrauch der Industrie und liefert durch ihren Kinderreichtum den gesunden Stamm der nationalen Wehrkraft. So ist sie ein unergründlicher und stets in jugendlicher Stärke zunehmender Born des Volkswohlstandes. Keine Aufwendungen, wenn es sich um ihre Fortexistenz handelte, würden für sie zu hoch sein.

Während man aber früher die steigende Hypothekenbelastung des Grund und Bodens fast allgemein auf die ungünstigen landwirtschaftlichen Produktionsbedingungen zurückführen zu müssen glaubte, sehen wir, nachdem sich zum mindesten seit dem 1. März 1906 wesentlich bessere Preisverhältnisse der meisten landwirtschaftlichen Erzeugnisse eingestellt haben, und auch die Klagen über eine Notlage der Landwirtschaft der Vergangenheit angehören, eine starke weitere Zunahme der Hypotheken-Mehreintragungen. Diese Zunahme beträgt gegenüber dem Jahresdurchschnitt von 1886—1905 von 283,40 Millionen Mark in den Jahren 1906, 1907 und 1908 nicht weniger als 515,19 Millionen bzw. 556,31 Millionen und 584,15 Millionen Mark, also annähernd das Doppelte und mehr von dem alten Jahresdurchschnitt. Es ist dieses ein Beweis dafür, daß aus der Zunahme des ländlichen Hypothekenbestandes volkswirtschaftliche Befürchtungen nicht herzuleiten sind. Diese Erscheinung ist im wesentlichen eine Folge der allgemeinen Wertsteigerung des Grund und Bodens und der sehr vermehrten landwirtschaftlichen Ertragsfähigkeit gegenüber der gesunkenen Kaufkraft des Metallgeldes. Das fremde Leihkapital pflegt auch im Geschäftsleben nicht die Notleidenden aufzusuchen und läßt sich durch ihre Wünsche nicht herbeiziehen, sondern es sucht sich Anlagen aus, die sicher sind und einen angemessenen Nutzen versprechen. Man soll deshalb nicht die Landwirtschaft künstlich entschulden, sondern ihr die Heranziehung fremden Betriebskapitals nach Möglichkeit erleichtern. Der Landwirt wird immer noch genug eigenes Vermögen brauchen, um Mißernten und andere Betriebsrückschläge als Gefahrträger durch Verwendungen und neue Arbeit zu jeder Zeit ausgleichen zu können.

Viertes Kapitel.

Die Privilegien des Hypothekenbestandes und die Notwendigkeit ihrer Durchbrechung zugunsten des landwirtschaftlichen Personalkredites.

1.

Wenn die bisherigen Untersuchungen nicht auf Trugschlüssen beruhen, so ist folgendes festzustellen:

In der Landwirtschaft hat sich ein gewaltsames Anwachsen der laufenden Wirtschaftsausgaben bemerkbar gemacht, das durch die im Verhältnis noch erheblicher gestiegenen Mehrerträge der Produktion überhaupt nicht oder nicht dauernd gedeckt wird, weil das Mehr an Betriebskapital stets zuerst vorhanden sein muß, um die Mehrerträge zu gewinnen, und weil das in Landwirtschaftsbetrieben allmählich ersparte eigene Mehrkapital des Unternehmers den Betrieben nicht erhalten bleibt, sondern immer wieder in die Hände von Besitzvorgängern und Miterben abwandert. Ebensowenig kann die der Ertragssteigerung folgende erhöhte Beleihungsfähigkeit des Grund und Bodens zum Ausgleich fehlenden Betriebskapitals herangezogen werden, weil die Beleihungsfähigkeit mit der Wertsteigerung nicht gleichen Schritt hält und weil ihr finanzielles Ergebnis gleichfalls nach kurzer Zeit aus den Händen der Betriebsunternehmer zu entgleiten pflegt. Der Versuch, die Landwirtschaft durch eine künstliche Herabdrückung ihres Hypothekenbestandes finanziell so weit zu stärken, daß sie über die Schwierigkeiten bei der Beschaffung des Betriebsmittelbedarfes hinwegkommt, hat sich als nicht zweckentsprechend, zum mindesten aber wegen der erforderlichen enormen Aufwendungen innerhalb des Gesamtstaates als aussichtslos erwiesen. Es hat sich ferner ergeben, daß das unaufhaltbare Anwachsen des ländlichen Hypothekenbestandes als eine bedrohliche Erscheinung des Wirtschaftslebens an sich nicht angesehen werden kann, und daß entsprechend der Wertsteigerung des Grund und Bodens auch für die Zukunft mit einem weiteren Anwachsen der ländlichen Hypotheken zu rechnen ist.

Aus diesen Untersuchungsergebnissen folgt, daß — wenn man nicht allen mit ungenügendem Wirtschaftskapital ausgerüsteten Unternehmern stets von neuem die fehlenden Mittel zur Verfügung stellen will — der Ausgleich für den zunehmenden Betriebsmittelbedarf nur auf dem Wege einer Stärkung des landwirtschaftlichen Personalkredites und in der Erkenntnis derjenigen Umstände zu suchen ist, die seiner natürlichen Entwickelung parallel zum Bedarf bisher hindernd im Wege gestanden haben.

Der Personalkredit ist ungleich kurzfristiger als der landwirtschaftliche Hypothekenkredit. Die entliehenen Beträge müssen nach bewirktem Güterumsatz vom Entleiher regelmäßig zurückgezahlt werden, um ihm bei dem Wiedereintreten des Bedarfes erneut zur Verfügung zu stehen. Aus diesen Gründen ist der Personalkredit zur Befriedigung des landwirtschaftlichen Betriebsmittelbedarfes aber auch ungleich geeigneter als der Hypothekenkredit, zumal die Kurzfristigkeit es verhindert, daß das entliehene Bargeld in die Hände von Miterben und Besitzvorgängern abwandert. Wenn es daher gelingt, die Möglichkeit für finanzielle Mehrergebnisse des landwirtschaftlichen Personalkredites zu finden, so werden dieselben dauernd dem Ausgleich des Mehrbedarfes an laufenden Betriebsmitteln dienstbar bleiben. Nebenher sei bemerkt, daß die Hebung des landwirtschaftlichen Personalkredites nicht nur eine Agrarfrage, sondern auch ein Problem von gemeinwirtschaftlichem Interesse ist.

Wenn nämlich die Dinge ihre bisherige Entwickelung weiter nehmen, so kann es nicht ausbleiben, daß unter dem Druck der Verhältnisse die Landwirtschaft allmählich in immer steigendem Umfange schließlich nur noch von Leuten betrieben wird, die so viel eigene Barmittel besitzen, um allen Anforderungen für die laufenden Wirtschaftsausgaben aus eigener Kraft gewachsen zu sein. Ein Teil der Landwirte wird sich das erforderliche Kapital zusammensparen, der andere Teil wird aber bei dem steigenden Nationalwohlstande im Laufe der Zeit durch kapitalkräftigere Elemente aus anderen Bevölkerungsschichten ersetzt werden. Schon bei den Verhandlungen über das oben erwähnte Gesetz vom 20. August 1906 wurde von mehreren Seiten über das bereits bemerkbare Zurückgehen der alten bodenständigen Bevölkerung Klage geführt.

Diese Erscheinung bedarf jetzt keiner näheren Untersuchung. Es soll hier nur darauf hingewiesen werden, daß es im Interesse der Allgemeinheit gar nicht wünschenswert ist, die Landwirtschaft treibende Bevölkerung für die Anforderungen des laufenden Betriebsmittelbedarfes ausschließlich auf eigenes Kapitalvermögen zu verweisen. Das landwirtschaftliche Gewerbe würde dadurch in immer weiterem Umfange zu einem Privileg der Wohlhabenden gemacht werden und große überall vorhandene eigene Betriebsmittelreserven könnten die Gefahr bedingen, daß bei eintretenden Lebensmittelkrisen vorübergehende Teuerungen durch das Festhalten verkaufsreifer landwirtschaftlicher Erzeugnisse in den Händen der Landwirte über Gebühr verlängert und vergrößert würden. Der Personalkredit verlangt dagegen neben einem regelmäßigen Zinsendienst auch die periodenweise Zurückzahlung der angeliehenen Beträge und erschwert es durch den eintretenden Geldbedarf, daß verkaufsreife Produkte über Gebühr auf dem Lande zurückbehalten werden.

Die Förderung des landwirtschaftlichen Personalkredits ist hiernach über die Kreise der Berufsgenossen hinaus als eine volkswirtschaftliche Notwendigkeit anzuerkennen. Gegenüber den anderen Erwerbsständen sieht sich die Landwirtschaft auf dem Gebiete des Personalkredites aber einer gewissermaßen stiefmütterlichen Behandlung ausgesetzt, obgleich die meisten der landwirtschaftlichen Produkte eine verhältnismäßig lange Umlaufszeit bis zur Verkaufsreife haben und deshalb auf die Mitarbeit fremden Kapitals an sich ganz besonders angewiesen sind. Industrie, Handel und Gewerbe sind auf dem Gebiete des laufenden Betriebskredites für Rohstoffe und Umsatzgut wesentlich günstiger gestellt. Der Importeur

z. B., der seine Rohstoffe an den Fabrikanten zur Bearbeitung absetzt, erhält von diesem ein Dreimonatsakzept. Er wartet dann nicht etwa den Verfalltag des Wechsels ab, sondern wendet sich durch Vermittelung seines Bankiers oder direkt an die Reichsbank oder an eine andere große Kreditbank, die den Wert des Wechsels sofort in bar auszahlt. Der Fabrikant hat für die von ihm zu verarbeitenden Rohstoffe kein Bargeld, sondern nur ein Akzept gegeben. Wenn die Verarbeitung und der Absatz des Fertigfabrikates schon vor dem Ablauf der Verfallzeit stattgefunden hat, ist er schon vorher im Besitz eines Akzeptes von seinem Abnehmer, das er auf dem vorangegebenen Wege gleichfalls sofort zu Geld machen kann, um damit den ersten Wechsel am Verfalltage einzulösen. Auf dieselbe Weise vollzieht sich der Warenabsatz zwischen Großkaufmann und Kleinhändler. Wenn der Umsatz der Güter so flott vonstatten geht, daß auf jede Hand — Importeur, Fabrikant, Großkaufmann und Detailhändler — nur ein Zeitraum von je drei Monaten entfällt, so sind ihnen Baraufwendungen nur durch die Verarbeitungskosten entstanden, während für den übrigen Geldbedarf, insbesondere für den Verkaufswert der Waren einschließlich des Zwischengewinnes bei jedem Umsatz, die Geldmittel von den Banken zur Verfügung gestellt worden sind[40].

[40]) Der Umfang dieses Geldverkehrs ist aus folgendem zu ersehen: Am Schlusse des Jahres 1908 betrug der Wechselbestand bei der Reichsbank 1161 Millionen Mark, bei den fünf übrigen großen Kreditbanken in Berlin zusammen 1243 Millionen Mark. (Dr. Snykers, Französische und deutsche Diskontopolitik, Leipzig 1910, Seite 55.)

Ganz anders vollzieht sich die Güterproduktion bei den landwirtschaftlichen Betrieben. Schon wenn man eine Zeitung mit Saatgut-Offerten in die Hand nimmt, wird man darüber durch den Vermerk belehrt: „Verkauf nur gegen Nachnahme oder Voreinsendung des Betrages.“ Ebenso steht es mit den weitaus meisten übrigen Produktionsbedürfnissen des Landwirts. Er muß in der Regel alle in seinem Betriebe zur Verarbeitung gelangenden Stoffe sowie das zur Fleischproduktion nnd Nachzucht angekaufte Vieh in bar bezahlen. Bis zum Absatz verkaufsreifer Produkte muß er den gesamten in ihnen steckenden Wert in der Regel ganz aus eigenen Mitteln vorlegen. Diese Tatsache fällt umsomehr ins Gewicht, als die Umlaufszeiten bis zur Verkaufsreife der Produkte in der Landwirtschaft ungleich längere sind als in den meisten Fabrikationsbetrieben. Beim Wintergetreide beträgt die Umlaufszeit bis zu beendetem Erdrusch und bis zur Abfuhr beispielsweise annähernd ein Jahr.

Auf die Bestrebungen zur Förderung des ländlichen Personalkredits auf dem Wege der Genossenschaftsbildung braucht hier nicht des näheren eingegangen zu werden. Sie beruhen auf dem Gedanken, dem ländlichen Personalkredit die fehlenden sachlichen Sicherheits-Unterlagen dadurch zu ersetzen, daß man an Stelle des einzelnen Kreditnehmers eine Mehrheit von Berufsgenossen als erste Empfänger und Mitverhaftete für das fremde Leihkapital schuf. Da diese Berufsgenossen über die innere Kreditwürdigkeit ihrer einzelnen Mitglieder genau informiert zu sein pflegen, sind sie in der Lage, Gelddarlehen und Zahlungsfristen für bezogene Produktionsmittel auf Grund persönlichen Vertrauens auch da zu bewilligen, wo jeder andere Personalkredit für den Landwirt versagen würde. Wer sich des näheren über die Entwickelung des ländlichen Genossenschaftswesens in Preußen informieren will, findet eine eingehende vorzügliche Darstellung in dem Aufsatz von Dr. W. Wygodzinski über „Das landwirtschaftliche Genossenschaftswesen in Preußen“[41]). Landwirtschaftliche Kreditgenossenschaften waren im Jahre 1904 in Preußen 6708 mit einem Gesamtmitgliederstande von 584885 Genossen vorhanden. Die Genossenschaften hatten in demselben Jahre 203220713 M Auszahlungen in laufender Rechnung bewirkt und davon 191582310 M von den Genossen zurückerhalten. Die auf feste Fristen gewährten Kredite betrugen 110430521 M, die Rückzahlungen darauf 65674775 M. Die Ausstände bei Genossen an auf feste Zeit gegebenen Darlehen betrugen Ende 1904 im ganzen 385789800 M, durchschnittlich für jeden Genossen 822 M. Darunter befanden sich allerdings Darlehen auf Hypotheken und in verwandten Realkreditformen von nicht weniger als rund 56 Millionen Mark.

2.

Man sieht aus diesen Zahlen ohne weiteres, daß auf dem Gebiete des Genossenschaftswesens für die Landwirtschaft Großes geleistet ist. Andererseits be-

[41]) In: Meitzen, Der Boden und die landwirtschaftl. Verhältnisse des Preußischen Staates, Band VIII. S. 529 ff.

steht aber auch für die mitten in der Genossenschaftstätigkeit Stehenden kein Zweifel, daß das bisher Geleistete immer nur ein kleiner Teil dessen ist, was für den Kredit geleistet werden kann, und was der deutschen Landwirtschaft auf dem Gebiete des Personalkredites zu verschaffen notwendig ist. Auch die Genossenschaften konnten bis zum Jahre 1904 von ihrem Kredit 56 Millionen im Interesse der Sicherheit ihrer Forderungen nur gegen Hypothekenbestellung gewähren. Ihre Tätigkeit muß außerdem auch regelmäßig da eine Grenze finden, wo die Genossenschaft bei vorhandener starker Hypothekenbelastung einer Besitzung einen Konflikt mit den Privilegien des Hypothekengläubigers zu befürchten hat.

Kollidieren nämlich beim Zusammenbruch eines Schuldners die Rechte der Genossenschaft mit denen eines Hypothekengläubigers, so ist der letztere auf Grund der bestehenden Gesetzgebung befugt, fast alle Vermögenswerte eines landwirtschaftlichen Betriebes zur Sicherung seiner Forderung an sich zu reißen. Die übrigen Gläubiger gehen mit leeren Händen aus, mögen sie auch erst gestern noch so große Werte in den Landwirtschaftsbetrieb hineingeliefert haben. Der Lieferant eines kaufmännischen oder industriellen Betriebes steht sich wesentlich besser. In den kaufmännischen Betrieben bleiben alle hineingebrachten beweglichen Güter dem Zugriff der sämtlichen Gläubiger, die sich in den Erlös teilen, vorbehalten. Bei einem Gebäude, das für einen gewerblichen Betrieb dauernd eingerichtet ist, insbesondere bei einer Mühle, Schmiede, einem Brauhaus oder einer Fabrik, unterliegen dem Pfandrecht des Hypothekengläubigers nur die mit dem Grund und Boden fest verbundenen Sachen und die zum Betriebe bestimmten Maschinen und sonstigen Gerätschaften [42]. Alle fertigen oder halbfertigen Fabrikate und alle Rohstoffe sind aber von dem Vorrecht des Hypothekengläubigers durchweg befreit.

Anders in der Landwirtschaft! — Ihre Fabrikate, Vieh und Früchte, unterliegen sämtlich dem Zugriff des Hypothekengläubigers, soweit ihr Genuß dem Schuldner zusteht. Auch selbst wenn Zubehörstücke, z. B. Vieh, bereits durch den Schuldner im ordnungsmäßigen Wirtschaftsbetriebe veräußert sind, werden sie von der Haftung für den Hypothekengläubiger nur dann frei, wenn sie vor der Beschlagnahme von dem Grundstücke tatsächlich entfernt worden sind [43].

Solange die Landwirtschaft sich noch in primitiven Produktionsverhältnissen bewegte, und als man sich darauf beschränkte, ohne wesentliche geldwerte Verwendungen das hinzunehmen, was der Boden ohne Zutaten hergab, war es zweifellos berechtigt, der Hypothek alles das zu unterwerfen, was sich auf einem Landgut vorfand. Die Hypothek bildete die einzige Kreditform des Landwirts, und die auf einem Landgute vorhandenen Werte hingen in viel geringerem Umfange als heute von den Mitteln und der Tätigkeit des Landwirts ab, beruhten vielmehr in der Hauptsache nnr auf dem Gedeihen der Ernte. Als

---

[42]) BGB. §§ 94, 98.

[43]) BGB. §§ 1120—1122.

— ohne daß 'das zu bestellende Land vorher durch Kosten und Arbeit durchweg zu einem guten gemacht worden wäre — ein Säemann hinging, um zu säen, und nur „etliches auf ein gut Land fiel und Frucht trug, etliches hundertfältig, etliches sechzigfältig, etliches dreißigfältig“, und als — anstatt veredelt zu zu werden — „ein jeglicher Baum, der nicht gute Früchte“ brachte, „abgehauen und ins Feuer geworfen“ wurde [44]), da blieben alle in einem Landwirtschaftsbetriebe vorhandenen Werte im wesentlichen immer die gleichen, und es entsprach auch nur dem natürlichen Rechtsbewußtsein, daß sie für alle Rechte aus der typischen Form der ländlichen Verschuldung, der Hypothek, mitverhaftet blieben.

Im Laufe der Zeit hat der Landwirtschaftsbetrieb aber, besonders seit dem letzten Viertel des vergangenen Jahrhunderts, immer mehr eine industrieähnliche Entwicklung angenommen. Es werden dem Boden in immer steigendem Umfang fremde, außerhalb der Besitzung gekaufte Stoffe von erheblichem Wert zugeführt und zu neuen Wirtschaftsgütern verarbeitet. Auch der Viehstapel ist auf vielen Besitzungen so stark, daß er mit dem dort zu gewinnenden Futter allein gar nicht erhalten werden könnte. Die Rechte der Hypothek sind aber immer noch die alten geblieben und in jüngster Zeit noch erweitert, obwohl die auf einer Besitzung vorhandenen Wirtschaftsgüter, vollständig unabhängig von dem Willen des Hypothekengläubigers, ganz gewaltige Wertunterschiede aufweisen können. Es liegt

---

[44]) Ev. Math., Kap. 13 und 7.

nun für das natürliche Rechtsempfinden ohne Zweifel eine große Ungerechtigkeit darin, daß bei einem wirtschaftlichen Zusammenbruche des Landwirtes durch die Konkurrenz mit den Hypothekengläubigern alle diejenigen leer ausgehen sollen, welche dem Landwirt die Wirtschaftsgüter zur Verwendung auf dem Gute geliefert oder ihm die Mittel zum Ankauf kreditiert haben. Nehmen wir beispielsweise folgendes an: Ein Landwirt hat am Ersten eines Monats für 3000 M künstliche Düngemittel und Ochsen zur Mästung für 9000 M bezogen und hat die Lieferanten mit der Bezahlung hinzuhalten gewußt. Der Dünger ist ausgestreut, und auf dem Gute werden in der Regel mindestens dreißig Ochsen zur Mast gehalten. Am Zwanzigsten desselben Monats wird der Landwirt von dem Lieferanten auf Zahlung des Kaufgeldes verklagt. An demselben Tage gelingt es ihm, von dritter mit der Lieferung bekannter Seite eine Hypothek von 12000 M aufzutreiben. Nach der Eintragung wird er mit dem Erlös flüchtig. Vorausgesetzt, daß das Gut bisher schon bis zur Höhe seines Wertes verschuldet war, wird der Hypothekengläubiger sich aus dem Verkauf der Mastochsen und der Früchte des Gutes, denen der Kunstdünger zustatten gekommen ist, befriedigen, während beide Lieferanten leer ausgehen. Es entspricht dieses kaum dem natürlichen Rechtsempfinden.

Noch schlimmer aber ist, daß diese Vorrechte der ländlichen Hypotheken den Personalkredit erdrücken. Um daher die Landwirtschaft den anderen vaterländischen Erwerbsständen in der persönlichen Kreditwürdigkeit gleichzustellen, wird man nicht die zahlenmäßige Höhe der Hypothekenschulden durch Festsetzung einer Verschuldungsgrenze zu beschränken haben, sondern man wird die Privilegien der Hypotheken, soweit sie der neuzeitlichen Wirtschaftsweise nicht mehr entsprechen, durchbrechen müssen, um für den Personalkredit Raum zur freien Entwickelung zu schaffen.

3.

Es ist bekannt, wie gerade die Landwirtschaft am Althergebrachten haftet. Nachdem aber erst vor kurzem die Vorrechte der städtischen Grundstücks-Hypotheken zugunsten der Bauhandwerker und ihrer Forderungen gründlich durchbrochen worden sind [45], kann der Gedanke an eine Durchbrechung der ländlichen Hypothekenprivilegien kaum mehr etwas Schreckliches haben, zumal es sich um so vitale Interessen der Gesamtlandwirtschaft handelt. Die Vorrechte der ländlichen Hypotheken sind auch für das natürliche Rechtsbewußtsein zum Teil direkt unbillig. Wo hier von Hypotheken die Rede ist, sind die Grundschulden, ihre Abart, stets mit inbegriffen.

Sering [46] bemerkt bei der Erörterung des Prinzips der Parzellierungsfreiheit nach dem Edikt vom 9. Oktober 1807 und dem Landeskulturedikt vom 14. September 1811, der preußische Gesetzgeber habe

[45] Reichsgesetz über die Sicherung der Bauforderungen vom 1. Juni 1909, R.-G.-Bl. S. 449.

[46] Die innere Kolonisation, Leipzig 1893, S. 39.

„vor zwei Mächten Halt gemacht: vor der alteingewurzelten des Lehn- und Fideikommißbesitzes und der neuen Nobilität der Kapitalisten — den Gläubiger der Landwirte“. Ob auch bei der allmählichen Erweiterung der Pfandrechte der Hypothekengläubiger ähnliche bewußte Absichten in der Rechtsentwickelung vorgelegen haben, dürfte zu bezweifeln sein. Vielleicht ist es richtiger, das Anwachsen dieser Macht des Kapitals mehr in einer unbeabsichtigten Nichtberücksichtigung der Wirtschaftsentwickelung und der ländlichen Produktionsbedingungen zu suchen. Tatsache ist aber, daß noch das neue Bürgerliche Gesetzbuch den Kreis der dem Pfandrecht des Hyphothekengläubigers unterliegenden Zubehörstücke eines Landgutes weit über die Bestimmungen des strengen römischen Rechts hinaus erweitert hat [47]).

Die **Motive zum Bürgerlichen Gesetzbuch** lassen sich eingehend über die Gründe für die Privilegierung der ländlichen Hypotheken aus. Eine Rücksichtnahme auf die Bedürfnisse des ländlichen Personalkredits wird man darunter vergebens suchen. Es heißt dort [48]):

„Auf reichlichen Geldzuschuß rechnet vor allem der dem Landbau gewidmete Grundbesitz zur Erhöhung der Kultur und Ertragsfähigkeit des Bodens, zur Verbindung der Industrie mit der Landwirtschaft. Geld endlich braucht der Grundbesitzer, um Unglücks-

---

[47]) Dernburg, Das bürgerliche Recht des Deutschen Reiches und Preußens, Bd. III, S. 25.

[48]) Motive zu dem Entwurfe eines Bürgerlichen Gesetzbuches, Bd. III, 2. Aufl., S. 599.

fälle, von welchen sein Besitz betroffen wird, tragen zu können."

„Zur Befriedigung aller dieser Bedürfnisse (sic!) wird der Realkredit in Bewegung gesetzt .... Hat nun die Gesetzgebung zweifellos die Aufgabe, die Interessen des Grundbesitzes als der festesten Grundlage des Staates zu pflegen und zu fördern, so muß sie namentlich darauf bedacht sein, dem Realkredite die Betätigung zu gewährleisten."

Wie diese Betätigung des Realkredites im Interesse des Grundbesitzes als festester Grundlage des Staates aussehen soll, erfahren wir im folgenden:

„Aber **der Kapitalist** verlangt, daß er nur die tatsächlichen Verhältnisse, welche die Sicherheit bedingen, in Rechnung zu ziehen braucht, daß dagegen die rechtlichen Beziehungen des zu beleihenden Grundstückes, welche die Sicherheit beeinträchtigen können, klar zutage liegen und, soweit dies nicht der Fall ist, gegen die Hypothek, welche ihm bestellt oder übertragen wird, der Wirkung entbehren. **Er** verlangt ferner, daß die Hypothek ihren Gegenstand im weitesten Umfange ergreife, schnell und ohne Weiterungen geltend gemacht und Kapital und Zinsen unabhängig von allen nach Inhalt des Grundbuchs ihm nicht vorgehenden Ansprüchen aus dem Grundstücke beigetrieben werden können".

Diesen Grundsätzen entspricht das materielle Hypothekenrecht des Bürgerlichen Gesetzbuches in weitgehendster Konsequenz. Eine systematische Darstellung der einzelnen Bestimmungen und eine Aufzählung dessen, was alles für das Pfandrecht der

Hypothek haftet, ist hier entbehrlich. Wer sich darüber des näheren informieren will, findet eine gemeinfaßliche Darstellung in zwei Aufsätzen des Amtsgerichtsrats Prof. Dr. Schumacher über „Gutsausplünderung“ und „Zwangsversteigerung und Zwangsverwaltung“ [49]). Aus den durch die Verbindung mit dem Reichgesetz über die Zwangsverwaltung vom 24. März 1897 [50]) etwas kompliziert gewordenen Bestimmungen sei hier nur folgendes hervorgehoben:

Das Pfandrecht des Hypothekengläubigers wird geltend gemacht durch die auf richterliche Anordnung ergehende „Beschlagnahme“. Die Wirkungen der letzteren sind verschieden, je nachdem sie zum Zwecke der Zwangsversteigerung oder der Zwangsverwaltung des verhafteten Grundstückes erfolgt. Liegt der erstere Zweck vor, so umfaßt die Beschlagnahme nicht die bereits getrennten Erzeugnisse sowie die Forderungen aus ihrer Versicherung, ferner nicht die Miet- und Pachtzinsforderungen usw., welche dem Grundstückseigentümer verbleiben. Bei der Beschlagnahme zum Zwecke der Zwangsverwaltung werden auch diese Sachen und Rechte mit ergriffen, es sei denn, daß die getrennten Früchte vor der Beschlagnahme veräußert und auch tatsächlich von dem Grundstücke entfernt worden sind. Dem Pfandrecht des Hypothekengläubigers entzogen sind bei beiden Arten der Beschlagnahme Früchte, welche einem Pächter oder älterberechtigten Nießbraucher gebühren, mögen

---

[49]) Deutsche Landwirtschaftliche Presse vom 12. Januar und 27. Juli 1910, S 25 und S. 643.

[50]) R.-G.-Bl. S. 97.

sie nun vom Boden getrennt sein oder nicht. Sonst unterliegen dem Pfandrecht des Hypothekengläubigers die bisher nicht erwähnten anderen Bestandteile und die Zubehörstücke, d. h. alles zum Wirtschaftsbetriebe bestimmte Gerät, Vieh, die landwirtschaftlichen Erzeugnisse, soweit sie zur Fortführung der Wirtschaft bis zu der Zeit erforderlich sind, zu welcher gleiche oder ähnliche voraussichtlich gewonnen werden, sowie der vorhandene auf dem Gute gewonnene Dünger. Zubehörstücke, welche nicht in das Eigentum des Grundstückseigentümer gelangt sind, weil sie z. B. einem Pächter gehören, sind nicht mitverhaftet. Außer den Früchten werden auch sonstige Bestandteile des Grundstücks sowie Zubehörstücke von der Haftung für die Hypothek frei, wenn sie veräußert und tatsächlich von dem Grundstück entfernt werden, bevor sie zugunsten des Gläubigers in Beschlag genommen worden sind.

Aus den angeführten Bestimmungen, die wegen ihres Durcheinandergreifens für den Nichtjuristen wohl nur schwer verständlich sein mögen, ergibt sich, daß Hypothekengläubiger, die zur Verfolgung ihrer Rechte nacheinander die Zwangsverwaltung und die Zwangsversteigerung einer ländlichen Besitzung beantragten, zum Nachteil der übrigen Gläubiger alle in einem Landwirtschaftsbetriebe vorhandenen Werte ohne Ausnahme ihren Forderungen dienstbar machen können. Solange diese Rechtslage es einem böswilligen Schuldner mit hohen persönlichen Verpflichtungen jederzeit ermöglicht, die sämtlichen Rechte seiner Gläubiger durch Nachbewilligung von Hypotheken an andere Personen vollständig illusorisch zu machen, wird es wohl kaum gelingen, den landwirtschaftlichen Personalkredit derartig zu stärken, daß er den ständig wachsenden Anforderungen des Bedarfs an laufenden Betriebsmitteln jemals wird Genüge leisten können.

4.

Wenn oben der Vorschlag gemacht ist, die Privilegien der ländlichen Hypotheken zugunsten des landwirtschaftlichen Personalkredites zu durchbrechen, so bin ich mir dessen wohl bewußt, daß sich große historische Rechtsgebilde wie die Hypothekenprivilegien, zumal wenn sie den Inhalt von Vermögenswerten umfassen, auch unter veränderten wirtschaftlichen Verhältnissen nicht einfach von heute auf morgen über Bord werfen lassen. Überzeugt bin ich aber, daß unsere künftige Agrargesetzgebung in der allmählichen Rückbildung der Hypothekenprivilegien bis auf ein unschädliches Maß ihre Aufgabe erkennen wird. Dazu muß schon allein die durch eine übermäßige Hypothekenprivilegierung begünstigte, unverhältnismäßig wachsende Anlage unseres Nationalvermögens in städtischen und ländlichen Hypotheken führen, die ein ungesundes Steigen der Bodenpreise zeitigt und überdies den Kurs der staatlichen Anleihewerte Not leiden läßt. Es betrug der Überschuß der neuen Hypothekeneintragungen über die Löschungen [51]):

[51]) Statistisches Jahrbuch 1909, S. 50. — Prof. Dr. F. Kühnert, Die Hypothekenbewegung in Preußen im Zeitraume 1904—1908, Berlin 1910, S. 151 und 176.

Im Jahre	a) in den städtischen Bezirken Millionen Mark	b) in den ländlichen Bezirken Millionen Mark
1900	1104,35	395,70
1901	1067,34	401,40
1902	1235,88	393,75
1903	1475,93	444,84
1904	1531,38	407,28
1905	1741,77	469,28
1906	1627,37	515,31
1907	1335,30	556,31
1908	1273,64	584,15
	12392,96	4167,93

zusammen von 1900—1908: 16 Milliarden 560,89 Millionen Mark.

Unsere gesamte Staatsschuld betrug am 1. April 1909 nur 8 Milliarden 770 Millionen 149 735 Mark[52]). Wenn von den in den Jahren 1900—1908 in Preußen neu auf Hypothek ausgeliehenen 16 Milliarden 560 Millionen Mark der neu in bar gegebene Betrag nur zu einem kleinen Teil in Staatspapieren Anlage gesucht hätte, so wären Kursrückgänge der Preußischen Konsols in dem Umfange, wie sie in den letzten Jahren zu beobachten gewesen sind, wohl ganz ausgeschlossen gewesen. Als Anlagewerte von hoher Sicherheit machen gerade die Hypotheken den Staatspapieren am meisten Konkurrenz. Eine Rückbildung der außerordentlichen Hypothekenprivilegien würde daher in Zukunft wohl auch dem Kurse unserer Staatspapiere zu statten kommen.

[52]) Statistisches Jahrbuch 1909, S. 237.

Besonders unter den neuen ländlichen Hypotheken wird ein sehr erheblicher Betrag auf Restkaufgelder- und Erbteilseintragungen entfallen. Es wäre sehr wichtig, festzustellen, auf wiehoch sich dieser Betrag beläuft. Eine Erweiterung der statistischen Aufnahmen nach dieser Richtung hin dürfte den Amtsgerichten kaum Schwierigkeiten bereiten, da sie nur diejenigen Hypotheken auszusondern brauchten, bei denen die Gläubiger unmittelbare Besitzvorgänger des Schuldners oder ihre Erben sind.

In einer Beziehung kann eine Durchbrechung der Hypothekenprivilegien schon jetzt unbedenklich empfohlen werden, weil die betreffende Maßnahme einen Teil des Personalkredites durch die Gewährung sicherer Unterlagen fundieren und gleichzeitig den Hypothekengläubigern, anstatt ihnen zu schaden, nur nützen könnte: **Es ist dieses die Privilegierung der Forderungen für in einen Landwirtschaftsbetrieb hinein gelieferte künstliche Düngemittel vor den Hypotheken auf einen gewissen beschränkten Zeitraum.**

Vorweg sei bemerkt, daß es mir vorläufig nur darum zu tun ist, diesen Gedanken zur öffentlichen Diskussion zu stellen, von dessen Durchführbarkeit und unabsehbarem Nutzen für unsere vaterländische Landwirtschaft man sich, wie ich zuversichtlich hoffe, bei längerer Erwägung ganz allgemein überzeugen wird. Es wird hier auch davon abgesehen, hinsichtlich der gesetzgeberischen Form, in welcher der Gedanke am wirksamsten und leichtesten in die Erscheinung treten würde, schon jetzt einen bestimmten Vorschlag zu machen. Diese Form wird sich ganz von selbst finden, wenn die Idee erst einmal von der allgemeinen Überzeugung getragen sein wird. Eine Abänderung des Bürgerlichen Gesetzbuches in einzelnen wenigen Bestimmungen ist zwar erforderlich. Da sie aber nicht in dem einseitigen Interesse eines einzelnen Berufsstandes liegt, sondern von offensichtlichem allgemeinen Nutzen ist und niemandem schadet, werden ihr kaum irgendwelche nennenswerten Schwierigkeiten im Wege stehen.

Der obige Vorschlag beruht auf der Tatsache, daß es verhältnismäßig kostspielig ist, ein durch Raubbau geschädigtes Grundstück wieder in einen ertragreichen Zustand zurückzuversetzen. Er stützt sich ferner auf die praktische Erfahrung, daß ein vor dem wirtschaftlichen Zusammenbruch stehender Landwirt in den letzten Jahren seines Betriebes als einzige Ausgabe, welche zum Überwasserhalten von heute auf morgen nicht unbedingt notwendig ist, die Kosten für künstlichen Dünger einzusparen pflegt, ohne Rücksicht darauf, daß er sich dadurch in immer größere wirtschaftliche Bedrängnis bringt.

Man pflegt damit zu rechnen, daß richtig angewandter künstlicher Dünger mindestens mit dem doppelten Geldwert in der Ernte zu erscheinen pflegt und seine halbe Kraft für die nächstjährige Frucht im Acker zurückläßt. Diese Berechnung erhebt keinen Anspruch darauf, für alle einzelnen Fälle immer zutreffend zu sein. Es ist allgemein bekannt, daß der Stickstoff des Chilesalpeters sich verflüchtigt, und daß

Kalisalze (Kainit) bei durchlässigen Böden in tiefere, den Pflanzen nicht mehr erreichbare Erdschichten abzusickern pflegen. Wenn es aber nur richtig ist, daß im Durchschnitt der Mehrwert der Ernte größer ist als der Lieferungspreis des Kunstdüngers — sonst würde man ihn überhaupt nicht verwenden —, so liegt es schon im Interesse des Hypothekengläubigers, sich schlimmstenfalls die Kosten der Kunstdüngerbeschaffung anrechnen zu lassen; denn er kann sonst fast bei 99 von 100 Zwangsversteigerungen ländlicher Grundstücke sicher sein, nicht nur keinen Kunstdünger im Acker, sondern vollständig ausgeraubte Ländereien vorzufinden.

In dem Programm der sogenannten Agrarkonferenz vom Jahre 1894 finden wir unter den Leitsätzen folgende Feststellung[53]): „Die Überschuldung lähmt die Selbständigkeit und Schaffensfreudigkeit des Besitzers, sie führt bei dem Fehlen des Betriebskapitales zunächst zur Minderung der Produktion, dann zur Devastation. Bis zum schließlichen Zusammenbruch ist fast immer eine erhebliche Verminderung der Ertragsfähigkeit des Besitzes eingetreten, welche eine Verminderung des nationalen Vermögens bedeutet."

Ein Beschluß der Landwirtschaftskammer in Hannover vom Jahre 1907[54]) führte in ähnlichem Sinne

---

[53]) Übersicht über die Entwickelung der Frage der Entschuldung des ländlichen Grundbesitzes in Preußen. Von Dr. V. G.-B. S. 17.

[54]) Nr. 151 der Hannoverschen Tagesnachrichten vom 30. Juni 1907.

aus: „Die hohe Verschuldung bringt den Grundeigentümer in die Gefahr der Besitzenthebung, welcher regelmäßig eine Zeit längeren Siechtums der Wirtschaft vorhergeht.“

Der damalige Herr Landwirtschaftsminister bemerkte in der Kommission des Herrenhauses bei der Beratung des Gesetzentwurfes über die Zulassung einer Verschuldungsgrenze[55]: „Unsere Bauern seien im allgemeinen sehr sorgfältige und tüchtige Zahler. Komme der Bauer aber in Vermögensverfall, dann brenne er so kalt ab, daß das Kreditinstitut schon Not habe, mit seiner Taxe zurechtzukommen.“

Diese Anführungen werden zur Genüge beweisen, daß der Hypothekengläubiger nicht nur keinen Nachteil, sondern einen direkten Vorteil davon hat, wenn den Forderungen aus Lieferungsverträgen über künstliche Düngemittel ein Vorrecht vor den Hypotheken eingeräumt werden würde. Manches Vorrecht der Hypothek, wie z. B. das Pfandrecht auf die Früchte, hat außerdem nach Lage der Gesetzgebung für den Hypothekengläubiger unter Umständen gar keinen realen Wert. Der Grundstückseigentümer kann letzteres z.B. nach Belieben vollständig illusorisch machen, indem er nämlich das Grundstück verpachtet. Dann gebühren die Früchte unter allen Umständen dem Pächter, und der Hypothekengläubiger hat nur einen Anspruch auf den Pachtzins. Es liegt auf der Hand, daß dieser Ersatz keinen Wert hat, wenn der Pachtzins für das betreffende Jahr vorausbezahlt ist.

---

[55]) Anl. z. d. Verhandl. des Herrenhauses 1905/06, S. 556.

Um wieviel wichtiger muß hiernach das Interesse des Hypothekengläubigers daran erscheinen, daß das Beleihungsobjekt nicht ausgewirtschaftet wird! Angenommen, der in den Acker gebrachte künstliche Dünger verdreifachte im Laufe der Produktion seinen ursprünglichen Wert, indem er, wie oben angeführt, das Doppelte seines Wertes in dem Mehrertrag an Früchten liefert und außerdem seine halbe Kraft für die nächste Ernte im Acker zurückläßt, so würden noch immer zwei Werteinheiten für den Grundstückseigentümer beziehungsweise den Hypothekengläubiger übrig bleiben, wenn man der Forderung des Düngemittel-Lieferanten unter allen Umständen zur Auszahlung verhilft.

Selbstverständlich dürfte dieses Vorrecht nur ein verhältnismäßig kurzfristiges sein, da es nur so lange eine innere Berechtigung hat, als die mit Hilfe der Düngemittelverwendung erzielten Mehrprodukte auf dem Landgute vorhanden sind. Künstliche Düngemittel kommen schon bei der Herbstbestellung, hauptsächlich aber im Frühjahr zur Verwendung. Die bei der Herbstbestellung gegebene Düngung bleibt ungleich länger im Acker, ehe sie sich in verkaufsreife Fruchtwerte umwandelt. Ebenso düngt man Wiesen vielfach schon im Herbst. Die Bestimmung des Termines, bis zu welchem die Bevorrechtung der Lieferungsforderungen für künstliche Düngemittel dauern soll, ist deshalb schwierig. Vielleicht empfiehlt es sich, stets den nächsten ersten Januar zu nehmen, jedoch mit der Maßgabe, daß, wenn zu diesem Zeitpunkt seit dem Entstehen der Düngemittelforderung sechs Monate noch nicht verflossen sind, der folgende erste November an seine Stelle tritt. Bis zu diesem letztbezeichneten Zeitpunkt wird sich auch die Ernte des Wintergetreides stets in verkaufsreifen Zustand bringen lassen. Will man von diesen veränderlichen beiden Terminen absehen und lieber ein für allemal eine feste Frist nehmen, so wird es sich empfehlen, zu bestimmen, daß die Forderungen nur dann das Vorrecht genießen, wenn seit ihrem Bestehen bis zur Geltendmachung vor Gericht oder im Konkursverfahren kein längerer Zeitraum als höchstens vierzehn oder fünfzehn Monate verflossen ist. In dieser Frist seit der Bestellung kann jede Ernte, auch die des Wintergetreides nach Raps, verwertet werden. Im Interesse der Förderung der Urbarmachung von Ödländereien, die im ersten Kulturjahr noch selten eine verkaufsfähige Frucht geben, könnte die Frist dort ausnahmsweise vielleicht auf zwei Jahre erstreckt werden.

Bezüglich der rechtlichen Konstruktion des Vorrechts würde es wohl vorzuziehen sein, den in Rede stehenden Forderungen nicht ein gesetzliches Pfandrecht auf die Substanz des Grundstücks — etwa nach Analogie der Lohnforderungen des ländlichen Gesindes in § 10 Nr. 2 des Gesetzes über die Zwangsversteigerung usw. vom 24. März 1897 — zu geben, sondern nur ein Pfandrecht auf die auf dem Grundstücke vorhandenen Früchte, ohne Unterschied, ob sie vom Boden getrennt sind oder nicht. Dieser Weg erscheint richtiger, um die Vergünstigung des Düngemittelbezuges auf Kredit auch dem Pächter zustatten kommen zu lassen, der das Grundstück durch seine Handlungen wohl nicht dinglich belasten könnte. Von einem scharfen Juristen, der sich für die hier niedergelegten Gedanken und Bestrebungen interessierte, ist mir allerdings der Einwand gemacht worden: Es sei unverständlich, weshalb gerade auch den Pächtern geholfen werden solle. Sie ständen doch nicht unter dem Druck des Hypothekenpfandrechts und des Zwangsversteigerungsgesetzes. Letzteres muß als richtig zugegeben werden. Die wirtschaftliche Notwendigkeit der Erweiterung des ländlichen Wirtschaftskredites beruht aber nicht auf den Bestimmungen des Hypothekenpfandrechts und des Zwangsversteigerungsgesetzes, sondern in erster Linie auf dem außerordentlichen Anwachsen des tatsächlichen Betriebsmittelbedarfes in der modernen Landwirtschaft. Wie wir oben (S. 30) gesehen haben, lastet gerade aber auf dem Pächter und Fideikommißinhaber die Steigerung des notwendigen Betriebsmittelbedarfes ganz unabgeschwächt, während der Grundeigentümer bis zu einer gewissen Grenze für den Mehrbedarf an Wirtschaftsmitteln in der durch die Ertragssteigerung des Grund und Bodens erhöhten Beleihungsfähigkeit der Ländereien einen Ausgleich findet. Bei einem zur Zwangsversteigerung gelangenden verpachteten Grundstück gebühren außerdem die Früchte stets dem Pächter. Weshalb sollen sie also nicht in erster Linie zur Sicherung für Düngemittel-Schulden des Pächters dienen? Neu würde doch nur das Vorrecht des Düngemittel-Lieferanten vor den übrigen Gläubigern des Pächters sein.

Das Pfandrecht auf die Früchte verdient vor demjenigen auf die Substanz des Grundstücks auch insofern den Vorzug, als ein Pfandrecht auf die Substanz des Grundstücks für Lieferungsforderungen von künstlichen Düngemitteln den Hypothekengläubiger, der nur die Beschlagnahme für die Zwecke der Zwangsversteigerung ausgebracht hat, unter Umständen schlechter als den Grundstückseigentümer stellen würde, dann nämlich, wenn die Früchte, weil sämtlich getrennt, dem Grundstückseigentümer verbleiben.

Von juristischer Seite wird dem vorgeschlagenen gesetzlichen Pfandrecht auf die Früchte allerdings wohl entgegengehalten werden, bei seiner Verwirklichung werde der Grundsatz des im Bürgerlichen Gesetzbuch enthaltenen Rechtsprinzips, daß nämlich ein Pfandrecht an Mobilien nur als Faustpfandrecht stattfinde[56]), durchbrochen werden. Diesem mehr theoretischen Bedenken dürfte aber in Anbetracht der sonst zweckentsprechenden Regelung wohl kaum eine ausschlaggebende Bedeutung beizumessen sein, zumal auch der obige Grundsatz im B. G. B. nicht lückenlos dasteht, vielmehr in den Motiven zum B. G. B. ausdrücklich als möglich anerkannt ist, daß ein gesetzliches Pfandrecht an beweglichen Sachen auch ohne jedes Recht zur Inhabung besteht, wie z. B. das Pfandrecht der Schiffsgläubiger des Handelsgesetzbuches[57]).

Wenn ein zeitlich beschränktes Pfandrecht der Lieferungsforderungen für künstliche Düngemittel an

[56]) Motive zum B. G. B, Band III, Seite 661.

[57]) Handelsgesetzbuch § 754 ff.; Motive zum B. G. B., Band III, S. 807.

den Früchten landwirtschaftlich genutzter Grundstücke durch Gesetz eingeführt werden sollte, so würde dieses namentlich den wirtschaftlich schwachen Existenzen unter den Landwirten zustatten kommen und es ihnen ermöglichen, sich durch die mit dem Kunstdünger zu erzielenden Mehrerträge der Produktion schneller heraufzuarbeiten [58]). Auch das ländliche Genossenschaftswesen würde insofern wesentlich gestärkt werden, als die Organisationen ohne Besorgnis vor den Hypothekengläubigern auch dem in der größten finanziellen Bedrängnis befindlichen Genossen noch durch Lieferung von Kunstdünger auf Kredit beispringen könnten. Manche Existenz könnte so vielleicht vor dem wirtschaftlichen Zusammenbruch bewahrt werden. Vor allem aber würde es in sehr vielen Fällen verhindert werden können, daß Wirtschaften in ein jahrelanges Siechtum verfallen. Aber auch diejenigen Landwirte, die bei dem Stande ihrer Betriebsmittel auch bisher keine Schwierigkeiten fanden, die bezogenen künstlichen Düngemittel bar zu bezahlen, werden Nutzen insofern haben, als sie diesen Teil ihres Wirtschaftskapitals in Zukunft für andere wirtschaftliche Zwecke frei bekommen. Es läßt sich auch wohl erwarten, daß der Kredit für künstliche Düngemittel wegen seiner absoluten Sicherheit erheblich billiger werden würde.

---

[58]) Juristische Leser werden sich hierbei erinnern, daß schon einmal (1879) in Ansehung der Früchte sich der Bruch mit alten pfandrechtlichen Anschauungen als außerordentlich segensreich erwiesen hat: C.P.O. § 810 (früher 714).

Man kann auch nicht einwenden, daß die Landwirte im Herbst nach der Versilberung der Ernte, wo der größte Teil des Bedarfes an künstlichen Düngemitteln eingekauft zu werden pflege, stets genügend Geld besäßen, um den Kunstdünger bar zu bezahlen. Sie werden dieses Geld in Zukunft für andere wirtschaftliche Zwecke zu ihrer Verfügung behalten, und es wird überall ein Mehr an Betriebsmitteln vorhanden sein. Wenn z. B. ein intensiv wirtschaftender Betrieb von rund 2000 Morgen auf den Morgen seiner Gesamtfläche bisher einen Kunstdüngerverbrauch von etwa 15 M gehabt hat, so würde durch die gesetzliche Privilegierung der Kunstdünger-Forderungen für ihn derselbe Erfolg eintreten, als ob sein Wirtschaftskapital dauernd um 30 000 M erhöht worden wäre. Voraussichtlich würde auch infolge einer derartigen Bestimmung der Kunstdüngerverbrauch in der deutschen Landwirtschaft erheblich steigen und eine allgemeine Ertragserhöhung ihrer Produkte eintreten.

Es ist nun aber der Fall möglich, daß ein hoch verschuldeter Landwirt bei verschiedenen Lieferanten beispielsweise für 50 000 Mark Kunstdüngemittel kauft, die ihm, da der Wert seiner Ernte durchschnittlich erheblich höher ist, kreditiert werden. Anstatt den Kunstdünger in seiner Wirtschaft zu verwenden, verkauft er ihn für 10000 M an einen Nachbarn und sucht mit dem Erlös das Weite. Derartige Fälle sind doch wenigstens denkbar. Sollen dann die Hypothekengläubiger den Schaden tragen, der entsteht, wenn die Düngemittelhändler ihr gesetzliches Pfandrecht auf die Früchte der von dem Flüchtling besessenen Grundstücke in Höhe von 50000 M geltendmachen? — Dieser Einwurf ist berechtigt, aber er läßt sich leicht beseitigen. Gegenüber dem Pfandrecht auf die Früchte für Forderungen aus Düngemittel-Lieferungen muß von dem Gesetzgeber den konkurrierenden Gläubigern selbstverständlich die Einrede gegeben werden, daß der betreffende Kunstdünger nicht in der Wirtschaft des Schuldners verwandt, sondern weiter veräußert worden ist. Die Zulassung dieses Nachweises bedeutet keine Härte für die Düngemittel-Lieferanten. Auch sonst im Wirtschaftsleben muß der Kaufmann, der einem Betrüger Kredit gibt, den Schaden tragen.

Vielleicht wird man in denjenigen landwirtschaftlichen Betrieben, die bisher nur wenig Kunstdünger verbraucht haben, zu der Annahme geneigt sein, daß die zu erwartende Kredit- und Betriebsmittelerhöhung nicht sehr erheblich ins Gewicht fallen werde und so einschneidende gesetzgeberische Maßnahmen nicht verlohne. Diese Annahme würde jedenfalls auf einem Irrtum beruhen.

Für die gesamte deutsche Landwirtschaft stellte sich der Verbrauch an Kunstdünger im Jahre 1909 nach von der Deutschen Landwirtschaftsgesellschaft gesammelten Zahlen, deren Mitteilung ich der Freundlichkeit des Herrn Landes-Ökonomierat Johannssen in Hannover verdanke, folgendermaßen:

		dz	Wert	
1.	Knochenmehl	899214	8,5	Mill.
2.	Guano	453382	5,25	„
3.	Superphosphat . . .	13115242	92,0	„
4.	Thomasmehl	13183305	59,5	„
5.	Chilesalpeter	4780741	95,5	„
6.	Schwefels. Ammoniak . .	2994097	72,00	„
7.	Kalisalze	20241533	41,25	„
8.	Verschiedenes (Blutmehl, Hornmehl, Wollstaub) .	500000	—	

zusammen Wert **374 Millionen Mark.**

Es würde sich hiernach, wenn man diesen Kredit von 374 Millionen für die deutsche Landwirtschaft ein für allemal bereit- und sicherstellen würde, um einen Erfolg handeln, der die Auszahlungen sämtlicher preußischen Genossenschaften in laufender Rechnung im Jahre 1904 noch um 171 Millionen übertrifft oder annähernd dem gleichkommt, was diese Genossenschaften Ende 1904 allen ihren Mitgliedern zusammen an Darlehen auf feste Zeit gegeben hatten.

Der Betrag von 374 Millionen Mark muß sich von Jahr zu Jahr mit dem steigenden Verbrauch von Kunstdünger erhöhen. Das Geld aus dem Mehrkredit wird auch nie an Besitzvorgänger und Miterben abwandern, sondern den jeweiligen landwirtschaftlichen Betriebsunternehmern dauernd erhalten bleiben.

5.

Der Verfasser wagt zu hoffen, daß die Vorschläge, die er nach langen Erwägungen hiermit der

Öffentlichkeit übergibt, zu Forderungen der deutschen Landwirtschaft werden werden. Wer landwirtschaftliche Forderungen vertritt, muß sich aber, je mehr in unserem öffentlichen Leben bedauerlicherweise die idealen Gesichtspunkte und der Blick auf das nationale Ganze durch wirtschaftliche Interessengegensätze beeinträchtigt und in den Hintergrund gedrängt werden, auf den Vorwurf agrarischer Einseitigkeit gefaßt machen. Vielleicht habe ich auch durch meine Untersuchungen Wünsche geweckt, die bisher noch schlummerten, und den Beweis für Mißverhältnisse erbracht, die einstweilen nur dunkel empfunden wurden. Ein Beruhenlassen der Dinge war aber unmöglich, weil die Behebung der vorgefundenen Mißverhältnisse für die der Kreditwürdigkeit entsprechende Finanzierung des ganzen Erwerbsstandes freiere Bahnen schaffen würde, der Landwirtschaft große Vorteile bringen und andere, vielleicht nicht so berechtigte Klagen, wie diejenigen über die Verschuldung, verstummen machen wird.

Nicht gering dürfte aber auch der Nutzen zu veranschlagen sein, der anderen vaterländischen Erwerbsständen aus der vorgeschlagenen gesetzgeberischen Maßnahme erwachsen wird. Letztere hätte zum z. B. auch damit begründet werden können, daß unser Kalibergbau, unsere Thomasmehlproduktion und unser ganzer Handel in künstlichen Düngemitteln nicht den Absatz im Inlande hätten, der diesen Erwerbszweigen im nationalen Interesse zu verschaffen notwendig wäre. Kali- und Thomasmehlabsatz sowie der übrige Düngemittelverkauf würden sich aber vielleicht um viele Millionen jährlich heben, wenn es gelänge, für die Hergabe ihrer Handelserzeugnisse auf Kredit sichere gesetzliche, den wirtschaftlichen Verhältnissen der Verbraucher entsprechende Unterlagen zu schaffen. Wer in der Lage sei, den Käufern möglichst bequeme Kreditfristen zu gewähren, verkaufe erfahrungsgemäß viel mehr als derjenige, der mit Rücksicht auf obwaltende Verhältnisse nur gegen Barzahlung abgeben könne. Mancher Landwirt schränke seinen Düngemittelverbrauch ein, weil er nicht über das entsprechende Bargeld verfüge. Der Kreditgewährung ständen die zu weit gehenden Pfandprivilegien der ländlichen Hypothekengläubiger an fast allen in den Landwirtschaftsbetrieben beschäftigten Werten entgegen. Das Pfandrecht an den Früchten sei beispielsweise auch für die Hypothekengläubiger ziemlich nutzlos. Der Landwirtschaft würde durch die Kreditgewährung kein Schaden zugefügt, weil — ebensowenig wie sich jemand seine Suppe versalze, wenn das Salz billig würde — ein Landwirt sich in leichtsinniger Weise seinen Acker versalzen würde, wenn er beliebig viel Düngemittel auf Kredit erhalten könnte usw.

Wenn man diese Beweisführung, gegen welche sich vom Standpunkt der wirtschaftlichen Interessen des Düngemittelabsatzes nicht viel einwenden lassen wird, vervollständigen wollte, so könnte man vielleicht auch noch anführen, daß landwirtschaftliche Wechsel erfahrungsmäßig von unseren Kreditbanken gegenwärtig im allgemeinen nur ungern genommen werden. Liegen ihnen aber später sichergestellte Forderungen zugrunde, so ist nicht abzusehen, weshalb diesen

Wechseln das an der Börse verfügbare Geld nicht ebenso dienstbar gemacht werden sollte wie anderen gewöhnlichen Warenwechseln. Der Düngemittelhändler, der gegen seine Abnehmer sichere, privilegierte Forderungen hat, wird keine Schwierigkeiten finden, die Wechsel, mit denen er seine Lieferanten bezahlt, abgenommen und prolongiert zu erhalten. Er ist selbst sicher, soweit er sichere Forderungen gegen seine Abnehmer hat. Die Diskontierung solcher Wechsel dürfte daher von den Banken besonders gerne besorgt werden. Es ergibt sich hieraus, daß die Privilegierung der Lieferungsforderungen für künstliche Düngemittel auch den anderen beteiligten vaterländischen Erwerbsständen nur dienlich sein kann.

Unsere Bankiers und Kreditbanken werden aus dem beigebrachten statistischen Material über die große Kreditwürdigkeit der heimischen Landwirtschaft ein klares, von der bisherigen landläufigen Anschauung vielleicht wesentlich verschiedenes Bild erhalten. Wenn man die den Personalkredit einschnürenden Auswüchse der Hypothekenprivilegierung allmählich beseitigt, werden die Banken, die jeden rentablen Erwerbsstand tatkräftig unterstützen und ihm auch über Krisen hinweghelfen, mit einem Teil ihrer reichen Mittel sich gewiß auch der deutschen Landwirtschaft zuwenden. Man muß freilich mit der leidigen Gewohnheit brechen, dauernd auf die angebliche Verschuldung der Landwirtschaft hinzuweisen oder nahe Agrarkrisen vorauszusagen im Hinblick auf kleine Trübungen am Wirtschaftshimmel, die der Landwirt wie jeden Wechsel des Erntewetters hinnehmen muß. Solche Klagen, wenn sie auch noch so wohl gemeint sind und ehrlicher Besorgnis entspringen mögen, können doch nur denselbeu Erfolg haben wie ein kurzsichtiger Fürsprecher, der, anstatt die wirtschaftliche Tüchtigkeit und die soliden Betriebsgrundlagen eines Kreditsuchenden voranzustellen, lieber dessen traurige Geschäftsaussichten in düsteren Farben ausmalt, um vielleicht auf dem Wege über das Mitgefühl die Hilfe der Geldgeber zu finden.

Wirkliche Notlagen entstehen bei absatz- und produktionskräftigen Erwerbsständen nur durch falsche wirtschaftspolitische Maßnahmen. Unsere einheimische Landwirtschaft hat dadurch, daß sie die Periode der Caprivischen Handelsverträge und das gewaltsame Steigen des Betriebsmittelbedarfes, und zwar gleichzeitig, überstanden hat ohne zusammenzubrechen, eine so urwüchsige und selbsteigene Kraft bewiesen, daß man sie sich ruhig selbst überlassen kann, wenn ihr Schaffensdrang nicht irgendwie von außen her lahm gelegt wird.

So lange fremde Länder wegen günstigerer Ertragsverhältnisse ihres Bodens oder wegen erheblich geringerer Arbeitslöhne dieselben Erzeugnisse wie unsere deutsche Landwirtschaft so billig herstellen können, daß sie auch noch trotz der hinzutretenden Frachtunkosten unsere Landwirte auf den einheimischen Märkten zu unterbieten vermögen, bedürfen Ackerbau und Viehzucht wie jede andere vaterländische Gütererzeugung eines ihre ungünstigeren Produktionsbedingungen gegenüber dem Auslande ausgleichenden Zollschutzes. Es handelt sich hierbei aber um kein besonderes Bedürfnis der Landwirtschaft, sondern um ein ihm mit dem Handwerk, der Industrie und dem Bergbau gemeinsames.

Die heutige Interessenpolitik hat sich leider viel zu sehr dessen entwöhnt, die sämtlichen vaterländischen Erwerbsstände als **Zweige eines einheitlichen** großen **nationalen Wirtschaftsbetriebes** zu betrachten. Wer diesen Gesichtspunkt als den allein maßgebenden anerkennt, wird sich bei einem materiellen Interessenkonflikt mehrerer Erwerbsstände stets die Frage vorlegen, welche Entscheidung dem nationalen Gesamtbetriebe mehr nützt, d. h. für die Vermehrung des Nationalvermögens von größerer Bedeutung ist. Ebenso wie man sich nun von diesem Standpunkt aus bezüglich einer Aufhebung der Beschränkungen des realen Terminhandels in Getreide rückhaltlos auf die Seite der Kaufmannschaft stellen wird, ist es kaum anders möglich, als in der Frage des Schutzbedürfnisses der Landwirtschaft vor der billiger produzierenden ausländischen Konkurrenz dahin zu entscheiden, daß hinter diesem Schutzbedürfnis die an sich gewiß begreiflichen Wünsche unserer Kaufleute nach internationaler Handelsfreiheit zurücktreten müssen.

Es ist wohl nicht unmöglich, daß so viel ausländisches Getreide und Vieh eingeführt werden könnte, als zu unserer Volksernährung notwendig ist. Selbst in diesem Falle würde aber der Kaufmannsstand an dem Zwischenhandel nicht so viel verdienen können, als unser Nationalvermögen dadurch verlöre, daß der Ankaufspreis für alles Brotgetreide und Fleisch ins Ausland abwandern und unserer Landwirtschaft entgehen würde.

Des weiteren hat man die Aufhebung der Schutzzölle für Getreide und Vieh im Interesse der Arbeiterschaft verlangt, die ein Recht auf billiges Brot und Fleisch habe. Auch die Arbeiterschaft wird aber, wenn sie Brotgetreide und Fleisch zum Weltmarktpreise erhält, nicht Ersparnisse machen, die dem Verlust für das Nationalvermögen nahe kommen, wenn der gesamte Einkaufspreis in das Ausland abwandert. Solange man es außerdem dem Landwirt — und zwar mit Recht — verwehrt, die einheimischen Arbeitskräfte durch billigere chinesische Kulis zu ersetzen, hat auch der deutsche Arbeiter kein Recht darauf, Brot und Fleisch billiger zu erhalten, als es im Inlande erzeugt werden kann. Abgesehen hiervon unterliegt es wohl kaum einem Zweifel, daß wir Brotgetreide und Fleisch nur so lange billig vom Auslande erhalten, als wir mit unserem gesamten Bedarf nicht ausschließlich darauf angewiesen sind und die Hauptmenge an Getreide und Fleisch noch selbst produzieren.

Wer bei dem Umsatz von Wirtschaftsgütern gegen einander oder gegen Geld den stärkeren Bedarf nach dem Einzutauschenden hat, ist bei der Preisbildung stets der Schwächere. Hunger ist aber stets der stärkste Bedarf, mächtiger noch als der nach Geld. Man kann dem gegenüber nicht darauf hinweisen, daß in dem freihändlerischen England Getreide und Fleisch billiger seien als auf unseren einheimischen Märkten. England hat so große Ackerbau und Viehzucht treibende eigene Kolonien, daß es eine Vertrustung des Getreide- und Fleischimportes nicht zu fürchten braucht.

Wenn sich hieraus die Notwendigkeit für Getreide- und Vieh-Schutzzölle im allgemeinen ergibt, so kann es sich nur noch fragen, wie hoch diese Schutzzölle sein müssen. Zu hohe Lebensmittelzölle verteuern die Ernährung des ganzen Volkes und steigern den Preis für Getreide und Schlachtvieh über dasjenige hinaus, was der Landwirt als Ersatz für die Produktionskosten, als angemessene Vergütung für seine Arbeitsleistung und als Träger der Betriebsgefahren haben muß. Man wird deshalb bei der Prüfung der Zollhöhe wohl den Satz als mittlere Richtlinie zugrunde zu legen versuchen müssen, der sich für die einzelnen Getreidearten als Differenz zwischen den inländischen Produktionskosten einer Durchschnitts-Ernte auf höchstens mittlerem Boden zuzüglich eines angemessenen Unternehmerverdienstes und zwischen dem billigsten Einkaufspreise derselben Getreideart im Auslande (billigsten Weltmarktpreis) zuzüglich der Frachtkosten nach deutschen Häfen ergibt.

Die Aufstellung dieser Berechnung wird zwar große Schwierigkeiten bieten, sie wird aber nicht unmöglich sein. Insbesondere werden sich die durchschnittlichen inländischen Produktionskosten einer Getreideart trotz der großen Verschiedenheit der Böden wohl ermitteln lassen, da bessere und teuerere Äcker auch immer ein Mehr an Ernte zu liefern pflegen, so daß sich die größeren Produktionskosten durch erhöhte Erträge ausgleichen.

Zu hohe Agrarzölle bringen der Landwirtschaft nur vorübergehend Vorteile, verteuern aber dauernd die Produktion. Die Vorteile hat nur diejenige

Generation der Betriebsunternehmer, welche sich zur Zeit einer übermäßigen Erhöhung der Agrarzölle im Besitz der Wirtschaften befindet. Schon bei der nächsten Weiterveräußerung oder Weitervererbung geht, wie wir oben gesehen haben[59]), der erlangte Betriebsvorteil kapitalisiert in andere Hände über, und die nächste Generation muß ihren Produktionskosten die Zinsen für das Mehrkapital hinzurechnen, das sie für den Grund und Boden mehr anzulegen sich gezwungen gesehen hat. Kommt es später zu einer Herabsetzung übermäßiger Schutzzölle auf ein vernünftiges Maß, so liegt die Gefahr einer Agrarkrisis außerordentlich nahe.

Wir sind hiermit wieder an den Ausgangspunkt unserer Betrachtungen zurückgelangt. Derselbe ist für den landwirtschaftlichen Kredit insofern besonders wichtig, als schon die Befürchtung einer nahen Agrarkrisis für die so nötige freie Entwicklung des landwirtschaftlichen Kredits ein wesentliches Hemmnis bilden würde. Unter den gegenwärtigen Verhältnissen kann aber die Gefahr einer Agrarkrisis wohl als ausgeschlossen gelten. Nach den Sätzen der Caprivischen Handelsverträge, die sich als entschieden zu niedrig erwiesen hatten, ist vom 1. März 1906 ab eine Erhöhung der Agrarzölle nur in dem Umfange erfolgt, daß auch jetzt noch wesentliche Mengen fremden Getreides eingeführt werden können. Andererseits hat sich in den letzten Jahren fast auf allen Gebieten

[59]) Seite 25 oben.

unserer einheimischen Landwirtschaft offensichtlich neues Leben gezeigt, das sich überall durch vermehrte Produktionstätigkeit bemerkbar macht. Mögen endlich auch die Schranken fallen, die dem landwirtschaftlichen Kredit bisher hemmend im Wege gestanden haben. Klares Erkennen des nationalen Bedarfes und nicht bloßes Augenblicksempfinden sei hierbei die treibende Kraft auf dem Wege des Fortschreitens! Wenn sich der durch die Privilegierung der Forderungen für künstliche Düngemittel zu gewinnende Mehrkredit nicht als genügend für die Bedürfnisse der Landwirtschaft erweisen sollte, so wird man vielleicht daran denken müssen, auch den Forderungen für geliefertes Kraftfutter ein gesetzliches Pfandrecht, und zwar auf das lebende Inventar der Landwirtschaftsbetriebe zu geben.

GPSR Compliance

The European Union's (EU) General Product Safety Regulation (GPSR) is a set of rules that requires consumer products to be safe and our obligations to ensure this.

If you have any concerns about our products, you can contact us on ProductSafety@springernature.com

In case Publisher is established outside the EU, the EU authorized representative is:

Springer Nature Customer Service Center GmbH
Europaplatz 3
69115 Heidelberg, Germany

Batch number: 10844623

Printed by Printforce, the Netherlands